Illisibilité partielle

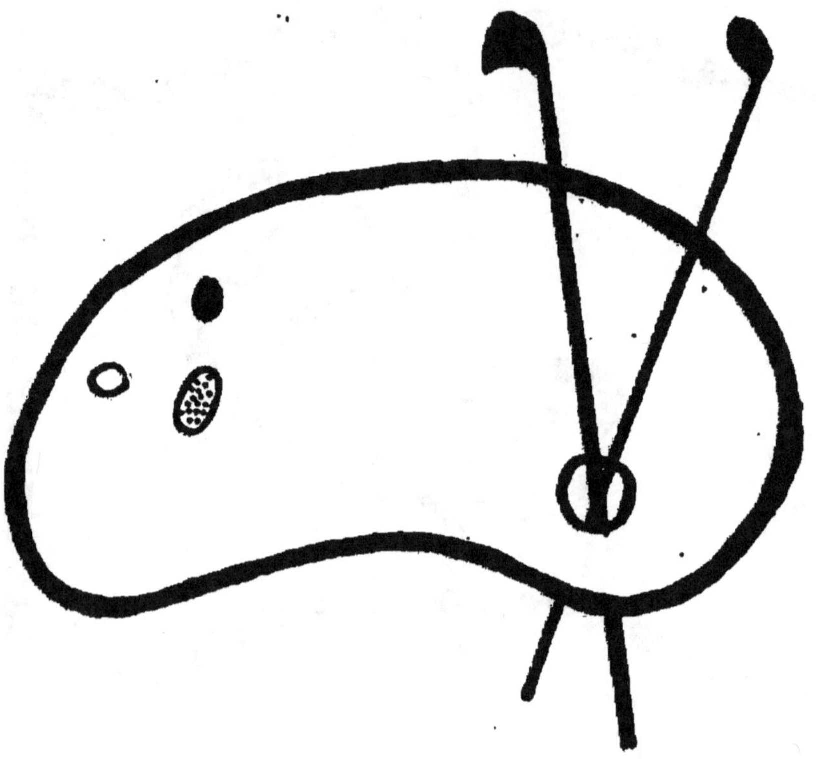

DEBUT D'UNE SERIE DE DOCUMENTS
EN COULEUR

anger

Supplément au Traité
de la Perception
des droits de Montp

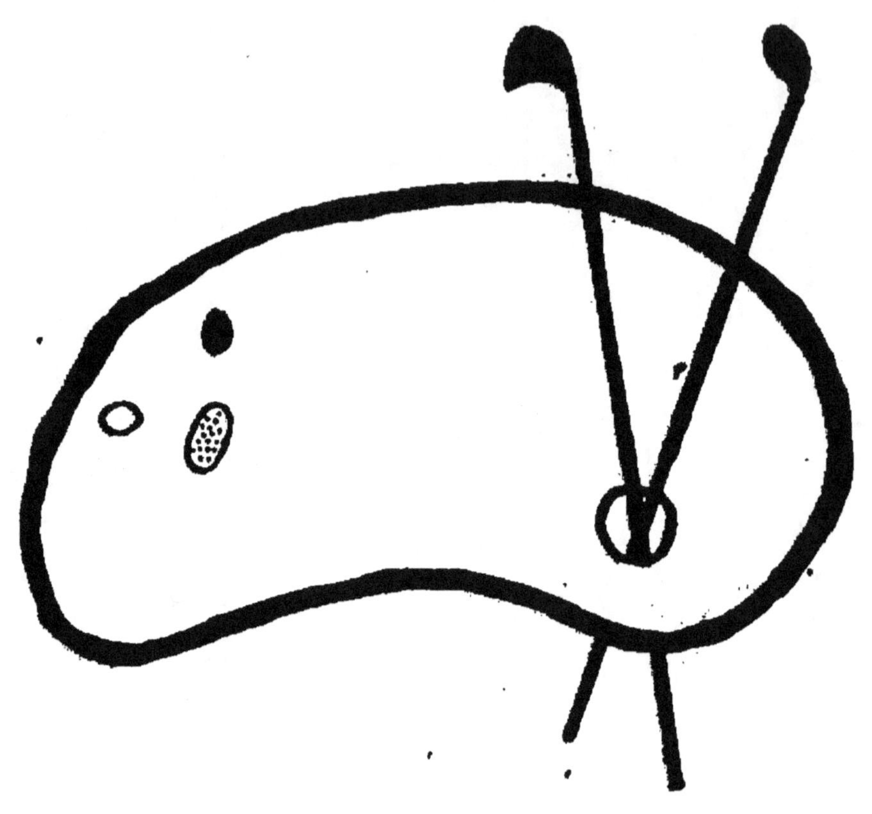

**FIN D'UNE SERIE DE DOCUMENTS
EN COULEUR**

SUPPLÉMENT

AU

TRAITÉ DE LA PERCEPTION

DES

DROITS DE NAVIGATION ET DE PÉAGE

SUR

les Fleuves, Rivières et Canaux navigables ou flottables en trains, etc.

CONTENANT

Les CHANGEMENTS FAITS AUX TARIFS des canaux des Ardennes, — d'Arles à Bouc, — de Bretagne, — latéral à la Loire, — du Rhône au Rhin, — de la Somme, — d'Hazebrouck, — de la Nieppe et de Pré-à-Ven, — de l'Ourcq, de la Sambre à l'Oise et Sambre canalisée. — Ordonnance du 25 octobre 1840, concernant la police de la navigation pour l'approvisionnement de Paris.

Par Ernest GRANGEZ,

Attaché au Dépôt des Ponts et Chaussées.

Prix de ce Supplément. . 1 f 50 c.

PARIS,

LIBRAIRIE SCIENTIFIQUE-INDUSTRIELLE

DE L. MATHIAS (Augustin),

QUAI MALAQUAIS, 15.

1841.

TRAITÉ
DE LA PERCEPTION
DES DROITS DE NAVIGATION.

SUPPLÉMENT.

TARIFS.

PREMIÈRE PARTIE.

FLEUVES, RIVIÈRES ET CANAUX

SUR LESQUELS LA PERCEPTION EST FAITE PAR L'ÉTAT.

Nota. Sur ces cours d'eau, le droit de navigation est passible de un décime par franc, pour droit de guerre, conformément à la loi du 25 mars 1817.

CANAL DES ARDENNES (p. 127).

EXTRAIT de l'ordonnance royale du 5 mars 1841.

ART. 1er. Les droits de navigation établis sur le canal des Ardennes, continueront d'être perçus conformément au tarif fixé par l'ordonnance du 21 mai 1839.

2. Ce tarif n'aura d'effet que jusqu'au 1er avril 1842.

Canal d'ARLES A BOUC (p. 128).

EXTRAIT de l'ordonnance royale du 8 avril 1841.

Art. 1er. Le droit sur les houilles, actuellement perçu sur le canal d'Arles à Bouc, sera réduit, à partir du 1er mai prochain, à seize centimes par tonneau de mille kilogrammes et par distance d'un myriamètre.

2. Cette réduction n'aura d'effet que jusqu'au 1er janvier 1842.

Canaux de BRETAGNE (p. 129 et 132).

EXTRAIT de l'ordonnance royale du 5 mars 1841.

Art. 1er. Les droits de navigation établis sur les canaux d'Ille-et-Rance, du Blavet, et sur la partie du canal de Nantes à Brest, comprise entre la Loire et la Vilaine (1), continueront d'être perçus conformément au tarif fixé par les ordonnances des 19 décembre 1838 et 3 mai 1839.

2. Ce tarif n'aura d'effet que juqu'au 1er avril 1842.

Canal latéral a la LOIRE (p. 132).

EXTRAIT de l'ordonnance royale du 18 mai 1841.

Art. 1er. A partir du 1er juin prochain, le droit pour les houilles, sur le canal latéral à la Loire, de Digoin à Briare, sera perçu à raison de vingt-quatre centimes par tonneau de mille kilogrammes et par distance d'un myriamètre (2).

2. Cette modification n'aura d'effet que jusqu'au 1er avril 1842.

---

(1) Le canal de Nantes à Brest est ouvert sur tout son développement, et il ne tardera pas à être mis en perception.

(2) Un projet d'ordonnance est en ce moment soumis au Ministre des finances pour réduire ce droit à 20 centimes.

Canal du **RHONE AU RHIN** (p. 135.)

***EXTRAIT** de l'ordonnance royale du 8 juillet 1840.*

Art. 1er. A partir du 1er août 1840, les droits de navigation, actuellement établis sur le canal du Rhône au Rhin, seront réduits pour les marchandises ci-après dénommées, et perçues conformément au tarif suivant :

1° Mines et minerais (1) . . . . 0 fr. 10	Par tonneau de mer de
2° Fers et autres minéraux non ouvrés 0 20	1000 kil. et par distance
3° Garances en poudre. 0 20	d'un myriamètre.

2. Le droit sur les fers et autres métaux ouvrés, sera également perçu par tonneau de mer de mille kilogrammes, et par distance d'un myriamètre, à raison de trente centimes, équivalent au droit actuel de trois centimes perçu pour la même distance, par dizain de myriagrammes.

Canal de la **SOMME** (p. 136.)

(Non compris celui de Manicamp.)

***EXTRAIT** de l'ordonnance royale du 5 mars 1841.*

Art. 1er. A partir du 1er avril 1841, les droits actuellement établis sur le canal de la Somme, seront perçus conformément au tarif annexé à la présente ordonnance.

2. La quotité des taxes portées au tarif sera réduite à moitié, conformément à l'article 2 de l'ordonnance du 12 septembre 1821, pour toute la navigation à suivre, depuis Amiens jusqu'à Saint-Valery, et depuis Saint-Valery jusqu'à Amiens.

3. Ce tarif n'aura d'effet que jusqu'au 1er juillet 1842.

---

(1) Une ordonnance du Roi du 21 août dernier réduit encore le droit sur les minerais à 5 centimes.

1.

TARIF des droits de navigation à percevoir sur le canal de la Somme, par distance d'un myriamètre.

ART. 1er.—MARCHANDISES TRANSPORTÉES PAR BATEAUX.

Par tonneau
de 100 kilog.

1re *Classe.* Vins, eaux-de-vie, vinaigres et liqueurs, cristaux et porcelaines, sucre, café, huile, savon, coton ouvré et non ouvré, chanvre et lin ouvrés, tabac, bois de teinture, et autres objets de ce genre, quarante-huit centimes, ci. 0f. 48

2e *Classe.* Chanvre et lin non ouvrés, quarante-deux centimes, ci 0 42

3e *Classe.* Froment, soit en grains, soit en farine; sel marin et autres substances de ce genre; fer et fonte ouvrés ou non ouvrés, et autres métaux; faïences, verres à vitres, verres blancs et bouteilles, trente-six centimes, ci. 0 36

4e *Classe.* Orge, seigle, blés de Turquie et autres menus grains, soit en farine, trente centimes, ci 0 30

5e *Classe.* Cidre, bière, poiré, scories de métaux, foin, paille et autres fourrages; charbon de terre, bois d'équarrissage, de sciage et autres de ce genre; poinçons et tonneaux vides, vingt-quatre centimes. ci. 0 24

6e *Classe.* Mine et minerai, chaux et plâtre, dix-huit centimes, ci. 0 18

7e *Classe.* Marbre, pierre de taille, tuiles, briques, ardoises, bois à brûler, fagots et charbonnettes, douze centimes, ci. 0 12

8e *Classe.* Tourbe, fumier, cendre, fouille, pierre mureuse, marne, argile, sable et gravier, six centimes, ci. 0 06

ART. 2.—BATEAUX VIDES.

Par chaque tonneau du plus fort chargement possible deux centimes, ci. 0 02

Sans toutefois que le droit par *bateau vide*, puisse jamais excéder quatre-vingt centimes, ci. 0 80

Tout bateau dont le chargement ne donnerait pas lieu à la perception d'une taxe au moins égale à celle qui serait due à vide, sera imposé comme bateau vide.

Art. 3.—Trains et radeaux.

Par mètre cube de leur volume dans le canal).

Bois de charpente, vingt-quatre centimes, ci. 0 24

Bois à brûler, douze centimes, ci. 0 12

Les marchandises quelconques, autres que les bois, qui seraient transportées en trains ou sur des radeaux, paieront les mêmes droits que si elles étaient chargées sur des bateaux.

Art. 4.—Bascules a poissons.

Par mètre carré de tillac et chaque centimètre d'enfoncement, déduction faite de six centimètres, pour le tirant d'eau, deux dixièmes de centimes, ci. 0 002

SECONDE PARTIE.

RIVIÈRES ET CANAUX CONCÉDÉS.

—

Canaux D'HAZEBROUCK, DE LA NIEPPE ET DE PRÉ-A-VEN.

Nota. Ces canaux ont été remis au concessionnaire le 11 juin 1841, par décision du préfet du Nord, du 7 avril précédent. En conséquence, la perception a lieu au compte de ce concessionnaire conformément au tarif annexé à l'ordonnance royale du 14 sept. 1835. (Voy. p. 167 de l'ouvrage.)

Canal de L'OURCQ (p. 191.)

NOUVELLES RÉDUCTIONS CONSENTIES PAR LA COMPAGNIE.

Navigation descendante.

	Par tonneau.
Moellon piqué, moellon brut, embarqués (comme pour la pierre de taille, pag. 192). au-dessous de Lizy (au max. quand elle ne vient pas à la Villette).	0 fr. 075
à forfait pour tout le parcours jusqu'à la Villette.	0 50

Navigation descendante (pag. 193).

	Par tonneau et par distance
Pierre de taille et pavés.	0 20
Plâtre, pierre à plâtre, moellons et meulières.	0 10
Pour toutes autres espèces de marchandises.	0 04

Canal de la SAMBRE A L'OISE et SAMBRE CANALISÉE

(page 209).

Nota. Par une loi du 1er sept. 1840, le gouvernement belge a été autorisé à réduire le tarif de la Sambre, depuis la frontière jusqu'à Namur (dont les droits de concession ont été rachetés), à mesure que des réductions analogues seraient simultanément opérées en France, dans le tarif du cours de la même voie navigable, de Paris à la frontière belge. Des modifications ayant été consenties le 6 août 1840, au nom des compagnies concessionnaires, elles furent homologuées par une ordonnance du même jour, rendue par le Roi des Belges, en conformité de la loi ci-dessus mentionnée.

EXTRAIT de la convention intervenue, entre les Ministres des travaux publics et des finances (en Belgique) et le sieur Frédéric Basse, agissant comme mandataire des sociétés de la Sambre française canalisée et du canal de jonction de la Sambre à l'Oise.

Art. 1er. A partir de la réouverture de la navigation, à l'expiration du chômage, les tarifs des droits de navigation, tant sur la Sambre belge que sur la Sambre française, et sur le canal de jonction de la Sambre à l'Oise, seront définitivement réduits de la manière suivante :

Pour la Sambre belge, — de 19 cent. 5/10ᶜ à 10 centimes, en ce qui concerne les houilles, fontes et ardoises, à destination de la France, par la Sambre supérieure.

Pour la Sambre française et du canal de la Sambre à l'Oise. —de 25 pour 100, en ce qui concerne les mêmes produits.

Aʀт. 2. Le droit nouveau de 10 centimes spécifié ci-dessus, pour la Sambre belge, sera perçu, pour chaque lieue de distance à parcourir, aux taux de 2 centimes et demie par tonneau, à raison du tonnage, et de 5 centimes par tonneau, à raison du chargement.

3. Les sociétés de la Sambre française et du canal de jonction, feront procéder sans délai à l'exécution des ouvrages ci-après indiqués.

Sambre française.

1° Redressement du parcours sinueux des fortifications, en aval de Maubeuge ;

2° Relèvement de la voûte d'un pont fixe, dans Maubeuge.

3° Redressement des courbes très resserrées de la rivière, particulièrement entre les deux Helpes ;

4° Enlèvement de quelques rochers qui embarrassent le canal au sixième bief.

Canal de jonction.

5° Établissement de réservoirs et creusement de rigoles avec accessoires, pour assurer l'alimentation et soustraire le canal aux ravages et irruptions que peuvent occasionner les crues du Boué et de la Sambre ;

6° Établissement de deux gares, et élargissement du canal, aux extrémités de cette ligne, pour le revirement des bateaux.

ORDONNANCE DE POLICE,

DU 25 OCTOBRE 1840,

Concernant la Police de la Navigation des Rivières, des Canaux et des Ports, dans le ressort de la Préfecture de Police.

TITRE PREMIER.

Navigation générale sur les Rivières et Canaux.

SECTION ⁱʳ.

Navigation ordinaire.

CHAPITRE PREMIER.

Bateaux et Trains en cours de Navigation.

ART. 1ᵉʳ.—Les conducteurs de bateaux de toute nature, transportant des marchandises dans le ressort de la Préfecture de police, ainsi que les conducteurs de trains de bois, devront être porteurs de lettres de voiture en bonne forme, dont ils justifieront à toute réquisition des préposés de la navigation.

. Ces lettres de voiture indiqueront la nature et la quantité de marchandises, le lieu du chargement, l'époque du départ, les noms de l'expéditeur, du marchand ou de tout autre individu à qui les marchandises sont adressées, ainsi que celui du marinier chargé de les conduire.

2. Les bateaux de toute espèce, employés à la navigation dans l'étendue du ressort de la Préfecture de police, devront porter

sur leur arrière, une devise ainsi que le nom et le domicile du propriétaire auquel ils appartiennent.

L'inscription sera faite en lettres blanches de vingt centimètres de hauteur sur trois centimètres de plein et sur un fond noir.

Les trains de bois à brûler et à œuvrer devront porter sur le pieu de nage ou sur l'oreille, d'une manière très apparente, la marque du marchand dont ils seront la propriété.

3. Les bateaux bortinglés devront avoir dix centimètres au moins de bord, non compris les bortingles.

Les autres bateaux et les toues devront avoir au moins, savoir : les bateaux dix-huit centimètres, et les toues vingt centimètres de bord au-dessus de l'eau.

Les bachots chargés de sable devront avoir au moins dix centimètres de bord.

4. Le conducteur d'un bateau montant est tenu, à la rencontre d'un bateau avalant, de se retirer vers terre pour laisser passer ce dernier.

5. Pour prévenir les accidents qui pourraient arriver par la rencontre de bateaux descendants avec des bateaux montants, les conducteurs de ces derniers bateaux devront élever leur corde de halage, ou cincenelle, de manière à ce qu'elle ne puisse nuire au passage des chevaux des bateaux descendants, et les conducteurs de bateaux descendants devront lâcher leur cincenelle, en sorte qu'elle passe sous le bateau montant.

6. Les marchands, les voituriers par eau ou les gardiens de bateaux devront en tout temps avoir sur leurs bateaux une ancre suffisamment équipée, et de bonnes cordes, pour les amarrer solidement.

7. Les bateaux en cours de navigation devront toujours, lorsqu'ils s'arrêteront, être tenus et accotés aussi près que possible de la terre, et du bord opposé à celui du halage, sous peine par les conducteurs de ces bateaux d'être poursuivis comme étant dans le cas prévu de l'article 126 de la présente ordonnance.

Ils ne pourront s'arrêter en pleine rivière à moins de circonstances de force majeure.

8. La navigation sur les rivières et canaux aura lieu depuis le point du jour jusqu'à la nuit.

Il est défendu aux mariniers, aux passeurs d'eau et à tous autres de naviguer sur la rivière ou sur les canaux pendant la nuit.

Cette défense n'est point applicable aux bateaux qui en auront été exceptés par dispositions spéciales, comme étant affectés à un service accéléré ou pour tout autre motif exceptionnel et d'urgence; mais les conducteurs de ces bateaux devront se conformer aux dispositions des articles 128 et 129 de la présente ordonnance.

Elle ne s'applique point non plus aux embarcations naviguant la nuit en vertu d'une permission spéciale.

9. Il est défendu de descendre les bateaux par couplage.

Il est aussi défendu de descendre les trains par couplage dans Paris, à partir du pont de la Tournelle.

A partir du même pont, les trains ou parties de trains de bois à brûler ou à ouvrer devront être conduits par quatre mariniers au moins.

CHAPITRE II.

Garages.

10. Les bateaux et toues, venant de la haute Seine, sont tenus de s'arrêter au garage qui est fixé en amont du pont de Choisy, où ils ne pourront être placés sur plus de quatre rangs.

Ceux qui viennent de la Marne, devront s'arrêter au garage du pont de Saint-Maur, dehors de l'île au bord du pont, où ils ne pourront être placés sur plus de deux rangs.

Ils devront y rester jusqu'à permission de descendre.

11. Les garages de Choisy et du pont de Saint-Maur sont considérés comme arrêts obligatoires, et non comme terme de voyage.

Dès leur arrivée à ces garages, les propriétaires ou conducteurs de bateaux ou toues, devront aller faire leur déclaration, et faire viser leurs lettres de voiture aux bureaux de navigation établis auxdits lieux.

Ces propriétaires ou conducteurs ne pourront ensuite continuer leur route, soit pour le garage des Lions de Bercy, soit pour toute autre destination, qu'après avoir obtenu un passavant qui sera délivré par le préposé de la navigation, suivant l'ordre des arrivages, et devra être représenté aux préposés de chacun des arrondissements de Navigation où le déchargement des bateaux s'effectuera.

Dans les permis de descendre, deux margotas ou un couplage ne seront comptés que pour une toue.

12. Les bateaux destinés à être mis en déchargement soit à la Bosse-de-Marne, à Alfort ou au port des Carrières, devront provisoirement se garer à l'île Poulette. Ils ne pourront ensuite être conduits aux points susdénommés, qu'en vertu d'un permis délivré par le préposé de la Navigation, à Charenton.

13. Les trains de bois à ouvrer qui seront amenés à la gare des Lions de Bercy, ne pourront y rester plus d'un mois.

Les bateaux chargés de bois ou d'autres marchandises, amenés à la gare en aval de cette dernière, ne pourront y stationner plus de quinze jours.

14. Les trains ou bateaux admis dans les gares fermées de Choisy-le-Roy et de Charenton, dans le canal Triozon ou dans la gare de Bercy, ne pourront en sortir qu'avec un permis de l'inspecteur de l'arrondissement du lieu de garage.

15. Sont spécialement affectés au garage des trains de bois à brûler et de bois à ouvrer, les points ci-après désignés, savoir :

Sur la rive droite de la Seine.

1° Les bords de l'île de l'Aiguillon, dans une étendue de 300 mètres en aval, et à partir du poteau formant la limite du département ;

2° La gare dite de la Folie, au-dessous du pont de Choisy, ayant une étendue d'environ 600 mètres, en laissant libre le dehors de la gare de Choisy, à partir du pont jusqu'au-dessous de l'entrée de ladite gare;

3° Les deux gares contiguës de Chanterelle et de Chanteclair, contenant ensemble environ 1,500 mètres;

4° Le dehors de l'île Maison, à partir de la tête de l'île jusqu'en face de la maison du passeur d'eau, au Port-à-l'Anglais;

5° La gare de l'île Poulette, à prendre de l'angle d'aval du parc du Port-à-l'Anglais jusqu'au-dessous du pont de la Bosse-de-Marne.

Les trains de bois à œuvrer pourront en outre être amenés au port de garage qui commence immédiatement en amont de l'île Quinquengrogne, et finit au Lion d'aval de Bercy, ainsi qu'il est expliqué à l'article 79 de la présente ordonnance.

Sur la rive gauche.

1° La petite gare au-dessous du lieu dit Larose, en face de Chanteclair, à partir du point vis-à-vis de la ferme de la Folie jusqu'aux sables de Vitry, en ayant soin de laisser libre la passe du petit îlot de Chanteclair;

2° La gare dite de la Grande-Berge, à partir des sables de Vitry, jusqu'au port à l'Anglais.

Les trains de bois à brûler pourront en outre être amenés au port de la Gare, commune d'Ivry, à partir de l'île aux Pouilleux, jusqu'à la limite supérieure du port de tirage fixée, quant à présent, à 620 mètres en amont du canal Triozon.

Sur la Marne.

La gare dite du Grand-Haï, rive droite et rive gauche, à partir du bras d'aval du canal Saint-Maur jusqu'au-dessous du même canal, si les trains le traversent, ou jusqu'au pont de halage de Créteil, si les trains ne le traversent pas, en laissant libre l'ouverture du canal.

Lorsque les trains traverseront le canal, ils pourront aussi se garer au-dessus du pont de Saint-Maur, mais ils ne devront pas être placés sur plus de deux rangs (un couplage), dans toute l'étendue de l'île de ce nom.

Il est défendu de garer les trains dans toute autre place que celles ci-dessus indiquées.

Les trains de bois de toute nature ne pourront quitter les lieux de garage ci-dessus désignés, qu'en vertu de permissions délivrées par les préposés de la Navigation.

16. Les bateaux venant de la basse Seine, à la destination des ports de Paris ou des canaux, devront s'arrêter et se garer aux lieux qui seront désignés par l'inspecteur de la Navigation à la Briche.

Ils ne pourront continuer leur voyage qu'après avoir fait enregistrer et viser leurs lettres de voiture au bureau de Navigation, et obtenu un passavant pour le lieu de leur destination.

Ce passavant devra être représenté dans chaque arrondissement de Navigation où le déchargement des bateaux s'effectuera.

17. Les bateaux venant de la basse Seine, qui traverseront le canal Saint-Martin pour se rendre dans les ports, soit de Paris, soit de Bercy, devront s'arrêter dans la gare de l'Arsenal, jusqu'à ce que les propriétaires ou conducteurs de ces bateaux aient obtenu un permis spécial de mise à port, de l'inspecteur de l'arrondissement dans lequel ils devront opérer le débarquement de leurs marchandises.

18. Les garages des bateaux vides sont établis, savoir : pour ceux qui seront destinés à remonter en Seine, le long de la plaine Maison, rive droite, en face du Port-à-l'Anglais, depuis la maison du passeur d'eau jusqu'à l'alignement de l'angle d'aval du parc; et pour ceux qui seront destinés à remonter la Marne, le long du bord dehors de l'île Martinet ou de la gare de Charenton, à partir de l'alignement de la Bosse-de-Marne, en remontant jusqu'à deux longueurs de bateau en aval de l'extrémité inférieure du môle de garde de la Gare.

Les gros bateaux ne pourront être placés, dans ces deux garages, sur plus de deux rangs parallèlement à la berge, les toues sur plus de trois rangs, et les margotas sur plus de six rangs. Il est défendu de les y laisser séjourner plus de 24 heures.

Le stationnement des trains de bois à brûler et à œuvrer et des bateaux chargés, est interdit aux abords des points ci-dessus désignés, et notamment, sur la Marne, en aval du pont de Charenton, soit sur la rive droite, soit sur la rive gauche, depuis l'angle d'aval du jardin de la Poste jusqu'à la Bosse-de-Marne.

CHAPITRE III.

Mouvement entre les Gares et les Ports.

§ 1er. *Billage des Bateaux au passage des Ponts de Choisy-le-Roy et de la Bosse-de-Marne.*

19. Les bateaux, barquettes, flutes et toues dont la longueur excèdera seize mètres, devront être billés au passage des ponts de Choisy-le-Roy et de la Bosse-de-Marne.

Lorsque les eaux auront atteint la hauteur d'un mètre, à l'échelle régulatrice qui existe à chacun de ces ponts, les bateaux, flûtes, barquettes et toues susmentionnés devront être billés par trois mariniers au moins. Quand les eaux seront au-dessous d'un mètre, le nombre des billeurs pourra être réduit à deux.

Les bachots et margotas ne sont point astreints au billage.

20. Afin de prévenir les accidens et d'assurer les manœuvres au passage des ponts, il devra rester deux mariniers dans chaque bateau billé, pour le diriger.

21. Les mariniers pourront biller eux-mêmes leurs bateaux, lorsqu'ils seront en nombre suffisant et qu'ils auront les agrès nécessaires au billage.

Dans le cas contraire, ils devront se procurer le nombre de billeurs prescrit ci-dessus, savoir : pour les bateaux destinés à passer sous le pont de Choisy-le-Roy, dès leur arrivée à l'île d'Aiguillon, située à 500 mètres en amont de ce pont; et pour ceux destinés à passer sous le pont de la Bosse-de-Marne, dès leur arrivée à l'angle de la dernière maison du Port-à-l'Anglais, situé à 500 mètres au-dessus du pont, points où commencera le billage.

22. Les billeurs devront biller les batea x aussitôt qu'ils en seront requis par les mariniers.

Les bateaux seront lâchés selon leur ordre vée au billage.

23. Les billeurs pris à l'île d'Aiguillon sont tenus de passer le pont de Choisy; et ceux qui seront pris à l'angle de la dernière maison du Port-à-l'Anglais, de passer le pont de la Bosse-de-Marne. Les uns et les autres ne devront débiller qu'à une longueur de bateau en aval desdits ponts.

Il sera payé à chacun d'eux soixante-quinze centimes. Si le patron d'un bateau demandait à être conduit plus loin, il serait attribué vingt-cinq centimes de supplément à chaque homme pour une distance n'excédant pas 200 mètres au delà du pont.

24. Il est défendu aux billeurs de recevoir aucune gratification, soit en vin ou autres marchanndises, et conséquemment d'avoir à bord de leurs bachots aucun vase ou bouteille.

25. Dans les cas où un bateau aurait été allégé en route, l'allége ne donnera lieu à aucun supplément de salaire, si elle est conduite en *suspente*.

26. Il est défendu de biller lorsque les arches marinières se trouveront obstruées par des bateaux, coches ou trains montants ou descendants.

Il devra y avoir au moins une distance de cent mètres entre chacun des bateaux lâchés sur bille.

Il est défendu de chercher à se gagner de vitesse.

27. Les chefs des billeurs sont chargés de la direction du service, et dispensés de tout autre travail.

28. Il y aura 25 billeurs pour le passage sous le pont de Choisy, et 25 pour le passage sous le pont de la Bosse-de-Marne.

Ces billeurs et leurs chefs seront nommés par nous.

Ils devront être pourvus du nombre de billes et bachots qui sera jugé nécessaire au service. Ces billes et bachots ainsi que leurs agrès, devront être entretenus constamment en bon état.

29. Il est défendu aux billeurs de se porter sur les bateaux dans un état d'ivresse pour en effectuer le billage.

30. Le tarif des prix à payer aux billeurs en conformité de l'art. 23, sera inscrit sur les piles d'avalage des ponts de Choisy et de la Bosse-de-Marne.

§ 2. *Lâchage des Bâteaux sous les Ponts de Paris.*

31. Le lâchage des bateaux chargés sous les ponts de Paris se fera par les soins d'un chef des ponts.

Il est défendu à tous autres que le chef des ponts, de passer les bateaux chargés sous les ponts de Paris.

Sont exceptés de cette disposition, les bateaux mentionnés dans l'art. 19 du Cahier des charges du chef des ponts, inséré à la suite de la présente ordonnance.

32. Les bateaux arrivant à Paris, par la Seine ou par la Marne, et destinés à être déchargés à l'un des ports de cette ville ou à la franchir en passe-debout, devront être conduits dans le bassin désigné pour le garage du chef des ponts, lequel est, quant à présent, l'espace compris entre le pont de Bercy et la patache de l'octroi, où ils ne pourront occuper plus de sept longueurs de toue sur trois rangs.

Le chef des ponts prendra les bateaux à cette station pour en faire le lâchage et les conduira directement à leur destination sans pouvoir s'arrêter nulle part.

Les mariniers sont tenus d'amarrer solidement leurs bateaux et de veiller à leur sûreté, jusqu'au moment où le chef des ponts devra en opérer le lâchage.

33. Arrivés au bassin mentionné dans l'article précédent, les mariniers ou les propriétaires devront, si leurs bateaux sont de la nature de ceux qui doivent être manœuvrés par le chef des ponts, se transporter par-devant ledit chef, pour lui représenter leurs lettres de voiture, que ce dernier visera afin de constater la quantité et la nature des marchandises confiées à sa conduite, le lieu du chargement et du départ, celui de la destination et le nom du conducteur ; et pour lui déclarer s'ils entendent que leurs bateaux soient conduits à l'un des ports de Paris, ou en passe-debout hors de la ville.

34. Le salaire du chef des ponts de Paris, sera perçu conformément au tarif annexé à la présente ordonnance (1).

Ce tarif comprend tant le lâchage que les manœuvres de bord et de terre, pour la mise à port.

35. Il est défendu aux marchands ou mariniers d'empêcher ou de retarder, en aucune manière, le lâchage de leurs bateaux quand leur tour est arrivé.

§ 3. *Conduite des Bateaux et Trains à port.*

36. Les trains et bateaux, de toute espèce, destinés soit pour l'intérieur de Paris, soit pour l'extérieur, une fois sortis des gares, devront être conduits directement à leur destination et ne pourront être laissés nulle part en approchage ; toutefois les bateaux et trains à destination des canaux, ou de la gare de l'Arsenal, s'arrêteront, savoir :

Ceux qui seront destinés à entrer dans le canal St-Denis, en dehors du chenal conduisant aux écluses, sans cependant en gêner le service.

Ceux qui seront destinés à entrer, par la Seine, dans la gare de l'Arsenal ou dans le canal St-Martin, sur la rive droite du fleuve, entre le pont d'Austerlitz et le poteau indiquant la limite de l'entrée du canal, sans pouvoir former un dehors qui excède l'alignement résultant d'une ligne droite qui serait tracée de la première pile du pont d'Austerlitz à un point distant de 28 mètres du bord de l'eau, et mesuré perpendiculairement à la berge, au droit du poteau susmentionné.

37. Les conducteurs des bateaux ou trains s'amarreront, suivant l'ordre de leur arrivée, dans les espaces ci-dessus indiqués.

Ils sont tenus de donner avis de leur arrivée, dans les espaces ci-dessus indiqués.

Ils sont tenus de donner avis de leur arrivée et de déclarer

---

(1) Voy. p. 534 de l'ouvrage.

2

leur tirant d'eau au bureau des éclusiers, qui leur délivreront un numéro d'ordre déterminant leur rang d'entrée, et sans lequel ils ne pourront être admis dans les canaux.

38. Lorsque les dimensions d'un bateau exigeront l'enlèvement préalable du gouvernail, pour qu'il puisse entrer dans le canal Saint-Denis, cet enlèvement s'opérera au moyen de la machine établie à cet effet. Le rétablissement du gouvernail s'opérera de la même manière.

Ces opérations auront lieu alternativement, pour un bateau montant et pour un bateau descendant, d'après leur tour d'arrivée auprès de la machine.

Pour les bateaux montants, le décrochage aura lieu suivant les numéros d'ordre délivrés par l'éclusier.

39. Le maximum du tirant d'eau, pour les bateaux à destination des canaux, est fixé à un mètre quatre-vingt-dix centimètres.

En conséquence, les bateaux d'un tirant d'eau plus considérable ne seront admis dans les écluses à l'embouchure, qu'après avoir été allégés et réduits à ce maximum.

40. Le tour d'admission dans les canaux et l'ordre de passage aux écluses et ponts, seront intervertis toutes les fois qu'un bateau ou train, étant à son rang pour passer, n'aura pas ses haleurs prêts et en nombre suffisant; dans ce cas, il cédera son tour au bateau ou train suivant, s'il est prêt à marcher, et ainsi successivement.

Le conducteur du bateau ou train qui aura été trématé reprendra rang aussitôt qu'il aura ses haleurs.

Aucun conducteur de bateau ou train ne pourra s'engager dans les canaux, sans avoir obtenu préalablement le laissez-passer des éclusiers à l'embouchure.

Dans aucun cas les éclusiers ne pourront intervertir l'ordre d'admission résultant des permis délivrés par les inspecteurs de la Navigation.

41. Le halage des bateaux ou trains, sur les canaux, se fera, soit par des hommes, soit par des chevaux, et de la manière ci-après indiquée :

Sur le canal St-Martin, il ne pourra se faire que par des hommes.

Les bateaux chargés, dont les gouvernails auront été enlevés à leur entrée dans le canal St-Denis, devront être halés par quatre hommes au moins, ou par trois chevaux billés, partie à l'avant et partie à l'arrière.

Les bateaux connus sous les noms de besogne, marnois, picard, longuette, coche et chaland, devront être halés par quatre hommes ou par deux chevaux.

Tout autre bateau chargé, d'une dimension moindre que ces derniers, devra être halé par deux hommes ou par un cheval, ainsi que chaque partie de train formant une éclusée.

Les bateaux vides devront être halés, suivant leur espèce, par la moitié au moins du nombre d'hommes ci-dessus déterminé.

Indépendamment des haleurs dont il vient d'être parlé, un nombre suffisant d'hommes d'équipage devra toujours rester dans les bateaux ou sur les trains, pour assurer l'exécution des manœuvres.

Les jeunes gens âgés de moins de dix-huit ans ne seront pas comptés comme ouvriers haleurs.

42. Les mariniers sont tenus de ralentir, aux abords des écluses et des ponts, le mouvement de leurs bateaux ou trains, pour prévenir tout choc contre les portes des écluses et contre les ponts.

43. Sauf les exceptions ci-après, les passages aux écluses, des bateaux et trains montants ou descendants, auront lieu dans l'ordre qui présentera le plus d'économie pour l'eau, c'est-à-dire que si l'écluse est pleine, le bateau descendant aura la priorité; dans l'hypothèse contraire, le bateau montant passera le premier.

44. Au passage des ponts tournants, les bateaux chargés et les trains auront la priorité sur les bateaux vides. Hors ce cas, le passage sera donné alternativement à un bateau ou train montant, et à un bateau ou train descendant, en suivant l'ordre de leur arrivée aux abords desdits ponts.

45. Dans le cas d'encombrement aux troisième, quatrième, onzième et douzième écluses du canal St-Denis, il sera donné passage alternativement à quatre bateaux montants et à quatre bateaux descendants.

2.

Il sera aussi donné passage alternativement à quatre bateaux montants et à quatre bateaux descendants, aux neuvième, huitième et septième écluses du canal St-Martin, dans le cas où leurs abords seraient encombrés.

Dans toute autre circonstance, il sera donné passage alternativement à deux bateaux montants et à deux bateaux descendants aux septième et huitième écluses accolées dudit canal.

46. Tous les bateaux et trains iront de file sur les canaux, en suivant l'ordre de leur entrée, sauf les exceptions ci-après :

Tout bateau ou train dont la navigation serait interrompue par force majeure, devra laisser passer les bateaux ou trains qui seront derrière lui, pour qu'ils puissent continuer leur marche. A cet effet, il devra être amarré du côté opposé à celui du halage,

Tout bateau ou train halé par des hommes, devra se laisser trémater par les bateaux ou trains halés par des chevaux, lorsqu'il aura été atteint par eux dans le parcours d'un bief.

Les bateaux ou trains halés par des chevaux qui auront été atteints dans le parcours d'un bief, par d'autres bateaux ou trains également halés par des chevaux, devront aussi se laisser trémater par eux.

47. Dans les cas prévus par l'article précédent, le trématage n'aura lieu qu'autant que les bateaux ou trains auront atteint celui ou ceux qui les précédaient, à deux cents mètres au moins des abords des écluses.

48. En cas d'avarie sur les canaux, les bateaux employés au service des travaux, auront le droit de passer avant tout autre bateau ou train.

49. Les bateaux ou trains arrêtés, dans les canaux de St-Denis et de l'Ourcq, pour prendre tour au passage des ponts, écluses et chenaux, seront de file sur une seule ligne ; ils devront être solidement attachés par deux amarres du côté opposé au chemin de halage, qui devra être libre en tout temps.

Ils ne pourront stationner dans les cinquante mètres, en amont ou en aval des ponts, écluses et chenaux.

Les dispositions du paragraphe précédent ne sont pas applicables aux gares Carrée, Saint-Denis et Circulaire, dans lesquelles il devra cependant être réservé un espace libre, d'une largeur suffisante, pour que les bateaux puissent s'y croiser, entrer dans les écluses et en sortir librement.

Sur le bassin de La Villette, comprenant la partie entre le pont tournant et la gare circulaire, les bateaux ou trains pourront stationner sur les deux rives, immédiatement en aval et en amont des angles d'évasement formant la limite du bassin, mais en laissant libre, toutefois, un espace suffisant pour que deux bateaux puissent s'y croiser.

50. Lorsque la hauteur des eaux du bassin de La Villette (gare Circulaire), mesurée à la porte d'amont de la première écluse du canal Saint-Denis, n'excèdera pas de dix centimètres le tirant d'eau d'un bateau, le passage sera refusé.

Les bateaux qui se trouveront dans ce cas, devront se ranger, soit dans la gare Circulaire, soit dans la gare Carrée, pour laisser passer ceux qui seraient moins chargés; ils reprendront leur tour aussitôt que les eaux dudit bassin auront atteint le degré fixé pour leur navigation.

51. Dans le cas où il y aurait encombrement sur l'un des biefs des canaux, la compagnie concessionnaire sera tenue, sur la réquisition qui lui en sera faite, de suspendre momentanément l'arrivage de nouveaux bateaux ou trains dans le bief encombré. Elle ne pourra y faire reprendre le mouvement de la navigation que lorsque l'encombrement aura cessé; et jusque là tous les bateaux ou trains seront retenus dans les biefs les plus voisins.

CHAPITRE IV.

Police des Bateaux et Trains à port.

52. Les mariniers conducteurs de bateaux ou de trains sont tenus, à leur arrivée aux ports de destination, d'en faire la déclaration immédiate à l'Inspecteur de la Navigation de l'arrondissement, auquel ils devront en outre représenter leurs lettres de voiture et les passavants obtenus aux bureaux d'arrivage.

Sur le vu de ces pièces, l'Inspecteur délivrera ·un permis de débarquement de la marchandise ou de tirage du bois, dans lequel seront désignés l'emplacement où l'opération devra être faite, et la partie du port sur laquelle la marchandise devra être déposée.

Il est défendu de mettre les bateaux à port ailleurs qu'aux places désignées dans les permis délivrés par l'Inspecteur de la Navigation.

53. Tout bateau à port devra avoir ses mâts abattus.

Tout bateau dit renforcé devra, pendant son séjour dans les ports, être muni d'un gouvernail ou garrot.

54. Dans les ports de tirage de bois, les trains ne pourront être placés que de la manière ci-après indiquée, savoir :

Dans les *ports du haut, rive droite,* en amont du pont d'Austerlitz, sur dix rangs au plus, pour les bois à brûler, et sur cinq rangs au plus, pour les bois à œuvrer.

Dans les *ports du haut, rive gauche,* en amont du pont d'Austerlitz, sur quatre rangs au plus, pour les bois à brûler, et sur trois rangs au plus pour les bois à œuvrer ; et en aval dudit pont, même rive, où ne devront être tirés que des bois de chauffage, les trains ne pourront être placés sur plus de quatre rangs.

Ports du bas, rive droite.—Au port du Recueillage, il ne devra être conduit que des bois de chauffage, et les trains ne pourront y être placés sur plus de six rangs ; aux ports des Champs-Elysées et de Chaillot, les trains de bois de chauffage ne pourront être placés sur plus de quatre rangs, et ceux de bois à œuvrer sur plus de deux rangs ;

Enfin, dans les *ports du bas, rive gauche,* les trains de bois de chauffage ne pourront être placés sur plus de huit rangs et ceux de bois à œuvrer sur plus de quatre rangs.

CHAPITRE V.

Police des Ports de Chargement et de Déchargement

§ Ier.

55. Les ports de Paris, et tous ceux dépendant du ressort de la Préfecture de Police, seront ouverts depuis le point du jour jusqu'à la nuit.

L'ouverture et la fermeture des ports seront annoncées au son de la cloche.

56. Il est défendu de charger ou de décharger des marchandises, sur les ports, avant leur ouverture et après leur fermeture.

57. Le déchargement des bateaux, quelle que soit la nature de leur chargement, devra commencer aussitôt après l'obtention du permis et la mise à port; il devra être continué sans interruption et avec des moyens convenables.

L'enlèvement des marchandises sera effectué au fur et à mesure du déchargement.

Ces opérations devront être terminées, au plus tard, dans un délai de trois jours pour les bateaux dont le chargement n'excèdera pas cent tonneaux.

Pour les bateaux d'un plus fort tonnage, le délai sera augmenté d'un jour par cinquante tonneaux de chargement.

Le délai accordé au marinier pour le déchargement de son bateau et l'enlèvement des marchandises, conformément à ce qui précède, sera indiqué dans le permis du déchargement.

Les dispositions ci-dessus ne s'appliquent point aux bois amenés par bateaux, ou trains, le débarquement de ces bois étant réglé par l'art. 67 de la présente ordonnance.

58. Il est défendu de monter et de s'asseoir sur les marchandises déposées sur les ports.

59. Il est défendu d'empiler, de mesurer ou de scier des bois de quelque nature que ce soit, sur les ports et berges.

60. Le passage sur les ports et berges est interdit pendant la nuit.

Sont exceptés de cette défense : 1° les employés de la Navigation, les préposés de l'octroi et des douanes, ainsi que les agens de la sûreté publique, qui devront représenter leur carte, dont le modèle sera déposé dans chacun des postes destinés à la garde des ports ; 2° les propriétaires ou gardiens des bateaux ; mais en cas de besoin seulement pour ces derniers, qui devront d'ailleurs être munis d'une lanterne close.

61. Les clous, la ferraille, les débris de bouteille, de verre, de porcelaine, et tous autres objets de nature à occasionner des accidens, ne pourront être déposés sur les ports et berges autrement qu'enfermés dans des enveloppes en bon état.

62. Les marchandises destinées à être embarquées, ne pourront être déposées sur les ports qu'en vertu d'un permis préalable de l'Inspecteur de la Navigation.

63. Les chargements sont soumis aux mêmes prescriptions et conditions que les déchargements, et ne pourront avoir lieu qu'avec un permis des Inspecteurs de la Navigation, et que dans les lieux désignés par eux.

Le dépôt de la marchandise sur le port et son chargement dans un bateau, devront être terminés dans un délai de trois jours pour les bateaux qui n'excéderont pas cent tonneaux.

Pour les bateaux d'un plus fort tonnage, le délai sera augmenté d'un jour par cinquante tonneaux.

Ces délais seront indiqués dans le permis de dépôt et de chargement.

64. Les bateaux vides devront être retirés des canaux et ports, vingt-quatre heures au plus tard après leur entier déchargement, et conduits aux lieux de garage qui leur sont affectés.

Sont exceptés de cette disposition, les bateaux vides qui doivent être remontés par le chef des ponts, aux termes de son cahier des charges.

65. Le dépotage du charbon de bois s'effectuera sur les ports de déchargement, mais seulement sur les points qu'indiqueront les permis délivrés par l'Inspecteur général de la Navigation.

Le dépotage commencera dès la mise à port du bateau ; il sera opéré sans discontinuer jusqu'à complet achèvement, et avec des moyens tels qu'il soit déchargé au moins 500 hectolitres de charbon par jour : le charbon devra être enlevé du port à mesure du déchargement.

66. Le poussier restant au fond d'un bateau, après la vente ou le dépotage, ne pourra être déposé sur les ports.

67. Les bois ne pourront, sous aucun prétexte, rester déposés sur les berges.

Le tirage ou le débarquement, et l'enlèvement des bois à brûler, devront être terminés dans le délai de trois jours pour un train ou une toue, et de six jours pour un bateau.

Les bois à œuvrer devront être enlevés et rentrés chaque jour, au fur et à mesure du tirage ou du débarquement, et de manière que, quel que soit le moyen de transport employé, il n'y ait jamais à la fois sur le port, plus de bois que la quantité nécessaire pour un chargement, et qu'il n'en reste point sur le port d'un jour à l'autre.

Sur les ports où existent des voies spéciales pour le tirage des bois à œuvrer, ce tirage ne pourra se faire en dehors de ces voies.

Lorsque les tirages de bois à œuvrer et de bois à brûler, s'opèreront à la fois sur un même port, les tireurs de bois à brûler devront toujours laisser libres les voies destinées au tirage des bois à œuvrer.

68. Les trains et les bateaux de bois de toute espèce ne pourront être tirés ou déchargés dans Paris, qu'aux ports de la Rapée, de l'Hôpital, St-Bernard, du Recueillage, des Invalides, des Champs-Elysées, de Chaillot et du canal St-Martin.

69. Il est défendu de charger ou de décharger aucun bateau sur le canal St-Denis, au passage des ponts et écluses, ainsi que dans un rayon moindre de cinquante mètres de distance desdits ponts et écluses.

Cette disposition n'est point applicable aux gares Carrée, St-Denis et Circulaire.

70. La mise à port des bateaux et trains aura lieu sur les canaux, suivant l'ordre des arrivages, sur tous les points autres

que ceux qui, avec notre autorisation, auront été affectés par les compagnies concessionnaires à des services spéciaux.

71. La portion du quai du canal St-Martin, de cinq mètres en largeur sur chaque rive, réservée par l'article 13 de la concession pour le public et le mouvement des marchandises, ne pourra être occupée en totalité par ces dernières.

Pour faciliter la circulation du public et le halage des bateaux, un espace d'un mètre, à partir du bord du canal, devra être constamment libre et ne pourra être occupé, même momentanément.

Sur les huit mètres de franc-bord qui doivent exister autour du bassin de La Villette, conformément à l'arrêté de M. le Préfet de la Seine, du 9 mars 1822, un espace d'un mètre à partir du bord du bassin devra aussi rester constamment libre.

72. Les chaînes placées aux abords des ponts et le long des sas d'écluses des canaux, seront fermées chaque soir, après le coucher du soleil, par les soins des compagnies concessionnaires.

Les autres chaînes le seront également, aux heures fixées pour la fermeture des ports, par les agens préposés à cet effet.

§ 2. *Dispositions particulières au Port de Choisy-le-Roi.*

73. Le port de Choisy-le-Roy, situé sur la rive gauche de la Seine, est affecté au chargement et au déchargement des marchandises.

Il commence à la naissance de la grande berge, en face du chemin vicinal, et comprend le littoral en aval sur une étendue de 1540 mètres.

74. Il est défendu de placer plus de deux rangs de bateaux ou trains à ce port, et d'y conduire aucun train ou bateau qui ne serait pas destiné à être tiré ou déchargé sur-le-champ.

75. Il est défendu de déposer sur la partie du chemin de halage, qui se trouve sous le pont, aucune marchandise provenant de débarquement, ou destinée à être embarquée; et d'y faire stationner aucune voiture.

§ 3. *Dispositions particulières au Port des Carrières-Charenton.*

76. Le port des Carrières-Charenton est un Port de chargement et de déchargement.

Il commence à la rampe d'amont du port Communal, et comprend tout le littoral en aval sur une longueur de 394 mètres.

77. Il ne pourra être placé plus de deux rangs de bateaux à ce port, et il est défendu d'y conduire d'autres bateaux que ceux destinés à être immédiatement déchargés.

78. Il est défendu de charger des voitures sur le point appelé Port Communal.

Ces chargements devront être effectués sur la rampe d'amont, ou sur le chemin de service, et de manière à ne point nuire à la circulation.

Il ne devra jamais être chargé deux voitures de front.

§ 4. *Dispositions particulières au Port de Bercy.*

79. Le port de Bercy est divisé en port de garage et en port de déchargement.

Le port de garage est divisé en deux parties :

La première commence immédiatement en amont de l'île de Quinquengrogne, et se prolonge jusqu'au dernier Lion, sur une longueur de 882 mètres; elle est affectée au garage des trains de bois à œuvrer.

La seconde commence au dernier Lion et se prolonge jusqu'à la Pancarte, sur une longueur de 422 mètres; elle est affectée au garage des bateaux de bois, de charbon de bois, d'ardoises, et plus spécialement aux bateaux chargés de vin.

Le port de déchargement s'étend depuis la Pancarte jusqu'au pont.

80. Il est défendu de placer au port de déchargement plus de quatre rangs de toues, ou plus de trois rangs de bateaux.

81. La mise à port des bateaux et leur déchargement ne pourront avoir lieu qu'aux places indiquées sur le permis.

Cette mise à port s'opèrera, autant que possible, en face des magasins auxquels les marchandises seront destinées.

Les bateaux dont les chargements seraient sans destination fixe, seront mis à port selon leur tour d'arrivage, sur les diverses parties du port qui seront libres.

Tout bateau dit renforcé pourra successivement être mis à port sur les divers points où il aurait à déposer des marchandises, lorsque d'ailleurs l'Inspecteur de la Navigation n'y verra point d'inconvénient.

82. Aucun bateau ou train, admis dans l'un ou l'autre port, ne pourra le quitter sans un permis de l'Inspecteur de la Navigation.

Dans le cas où des mariniers voudraient conduire leurs bateaux dans des gares particulières, ils seront tenus d'en faire la demande par écrit à l'Inspecteur de la Navigation, qui leur en accordera le permis.

83. Il est enjoint aux mariniers, lorsqu'ils mettront leurs bateaux à port, à Bercy, soit en traversant la Seine, soit en les lâchant d'un point sur l'autre, d'avoir une ancre à l'eau et de se tenir sur corde.

Ils ne pourront se reprendre sur un bateau déjà à port, que lorsque leur propre bateau, étant étalé sur son ancre, n'aura plus besoin que d'être maintenu en accotage, et seulement pendant le temps nécessaire pour fermer la corde d'amarre à terre et relever l'ancre.

84. Pendant le séjour des bateaux renforcés dans le port de Bercy, indépendamment de la corde qui devra les fermer sur les pieux d'amarre, leur ancre restera à l'eau jusqu'à ce que l'Inspecteur en autorise l'enlèvement.

85. Les toues de vin venant en déchargement audit port, n'y pourront rester plus de quinze jours y compris celui de leur arrivée.

Les bateaux dits renforcés seront mis en déchargement dès leur arrivée à port.

La durée du stationnement, mentionnée ci-dessus, sera réduite par nous suivant les circonstances qui l'exigeront.

86. Toute embarcation dont le déchargement aura été opéré, sera immédiatement retirée du port et passée au bord, dehors des autres bateaux.

Sous aucun prétexte, elle ne sera passée sur la rive opposée.

87. La durée du stationnement des marchandises sur le port, et l'étendue des espaces occupés par ces marchandises, varieront selon les temps, les besoins du service et l'état des eaux en rivière. Elles seront toujours restreintes dans les limites que le Maire de Bercy et l'Inspecteur de la Navigation indiqueront de concert, toutes les fois que les circonstances l'exigeront, et de manière que les espaces nécessaires au déchargement des marchandises et aux mouvements du port, soient toujours libres.

En cas de dissentiment entre le Maire et l'Inspecteur de la Navigation, il nous en sera référé immédiatement pour être statué ce qu'il appartiendra.

Les marchandises déposées sur les espaces devant rester libres pour le mouvement du port, seront enlevées d'office, s'il y a lieu, à défaut par les propriétaires d'obtempérer aux réquisitions qui pourraient leur être faites à cet égard par l'Inspecteur du port.

88. Le chargement et le déchargement des voitures ne devront se faire que sur le pavé et non sur la berge salpêtrée.

89. Les bois à œuvrer devront être tirés directement en chantier sans pouvoir séjourner sur le port de Bercy.

§ 5. *Dispositions particulières au Port de la Gare.*

90. Il ne pourra être placé au port de la Gare plus de trois rangs de toues, ou plus de deux rangs de bateaux.

Il est défendu d'embarquer des marchandises dans la partie du port en aval du canal Triozon.

91. L'arche de halage du pont de Bercy, rive gauche de la Seine, devra toujours être libre. Aucun bateau ou train ne

pourra être garé à une distance moindre de 50 mètres, tant en amont qu'en aval de cette arche.

§ 6. *Dispositions particulières au Port de l'Entrepôt général des Vins et Eaux-de-Vie.*

92. Les mariniers ou conducteurs de bateaux dits renforcés, sont tenus, pour mettre ces bateaux à quai, au port de l'Entrepôt général, d'avoir une ancre à l'eau et de se lâcher sur corde.

Ils ne pourront se reprendre sur un bateau déjà à port, que lorsque leur propre bateau, étant étalé sur son ancre, n'aura plus besoin que d'être maintenu en accotage; et seulement pendant le temps nécessaire pour fermer la corde d'amarre à terre et relever l'ancre.

93. Les bateaux et toues amenés au port de l'Entrepôt général des Vins, ne pourront y être placés, savoir : les bateaux sur plus de deux rangs, et les toues sur plus de trois rangs.

94. Ces bateaux et toues ne pourront rester à port plus de quinze jours; et la durée de ce stationnement sera même réduite par nous toutes les fois que les circonstances l'exigeront.

95. Pour faciliter le déchargement des bateaux et toues, les pièces de vin qui auront été déposées à terre, seront, lorsque cette mesure deviendra nécessaire, engerbées jusqu'en troisième, en commençant toujours par les pièces de la plus petite jauge.

Il sera laissé, de quatre pièces en quatre pièces, un espace libre de la largeur d'un mètre au moins, pour faciliter la circulation sur le port.

§ 7. *Dispositions particulières au Port de la Briche St-Denis.*

96. Le chargement ou le déchargement des bateaux au port de la Briche, ne pourra avoir lieu que dans l'espace qui s'étend depuis l'embouchure en Seine du canal Saint-Denis, jusqu'aux limites de la commune en aval.

CHAPITRE VI.

Ports de Vente.

§ 1er. *Charbon de Terre.*

97. Les lieux affectés à la vente du charbon de terre sur bateaux sont :

Le port Saint-Paul, où il ne pourra être mis en vente, à la
fois, plus de dix-huit toues ou péniches placées sur trois rangs
parallèles au quai ;

Le port d'Orsay (extrémité d'amont), où il ne pourra être
placé plus de trois bateaux ou toues, sur une seule longueur de
bateau ;

Et le bassin de Ménilmontant (canal Saint-Martin), où il ne
pourra être placé plus de quatre toues sur deux rangs.

Les bateaux destinés pour ces ports de vente pourront être
amenés au nombre de huit, placés sur quatre rangs, en approchage immédiatement en amont du pont d'Austerlitz, rive
droite de la Seine ; mais ils n'y pourront rester que jusqu'au
moment où il y aura place pour eux dans les ports de vente.

98. Les bateaux de charbon de terre ne pourront être amenés
aux ports de vente sans un permis de l'Inspecteur de la Navigation ;

Ils n'y pourront rester plus de quinze jours.

A l'expiration de ce délai, ils devront être retirés et conduits
dans un port de déchargement.

99. Les marchands sont tenus de mettre sur chacun de leurs
bateaux, amenés au port de vente, un écriteau indicatif de leur
nom et du lieu d'où provient le charbon.

§ 2. *Charbon de Bois.*

100. Les lieux affectés à la vente du charbon de bois, sur bateaux, dans Paris, sont les ports :

De la Grève,

De l'Ecole,

De la Tournelle,

Des Quatre-Nations,

D'Orsay,

Et le bassin d'Angoulême, rive droite, canal Saint-Martin.

101. La devise et les indications que devra porter chaque bateau amené à la vente, conformément aux prescriptions de l'article 2 de la présente ordonnance, ne pourront être changées sans autorisation.

102. Pour déterminer, dans le cas prévu par l'art. 3 de l'ordonnance royale du 5 juillet 1834, le tour d'admission aux ports de vente des bateaux de charbon de bois, l'arrivée de ces bateaux aux points de passages régulateurs, sera constatée par leur inscription sur un registre ouvert à cet effet au bureau de l'Inspecteur de la Navigation.

103. Lorsqu'il y aura nécessité d'alléger un bateau, l'allége suivra au port de vente le bateau allégé.

104. Les conducteurs de bateaux de charbon de bois, feront constater le jour et l'heure de leur arrivée, par l'Inspecteur de la Navigation, savoir :

A Choisy-le-Roi, pour les arrivages de la haute Seine ;

A Charenton, pour les arrivages par la Marne ;

A la Briche, pour les arrivages de la basse Seine ;

Et à la Villette, pour les arrivages des canaux de l'Ourcq et Saint-Denis.

Les Inspecteurs de la Navigation tiendront registre des déclarations, et en délivreront extrait aux conducteurs des bateaux.

105. Tout bateau de charbon de bois qui n'aura pas été mis à port à son tour de vente, sera remplacé par le bateau suivant et prendra un nouveau numéro.

106. Aucun bateau de charbon de bois ne pourra être conduit dans les ports de Paris, sans un permis délivré par l'Inspecteur général de la Navigation, sur la présentation du bulletin du bureau d'arrivage.

107. Lorsque du charbon aura été avarié de manière à dé-

voir être nécessairement changé de bateau, et lorsque l'avarie aura été régulièrement constatée, ce charbon pourra, d'après notre autorisation, être mis en vente immédiatement sur le port que nous désignerons à cet effet.

Un écriteau portant en gros caractères, *Charbon avarié*, sera placé à l'entrée du bateau.

108. Si, par suite de surcharge, d'avarie, ou pour toute autre cause, on était obligé de transborder le charbon d'un bateau sur un autre, déclaration devrait en être préalablement faite au bureau de l'octroi et à celui de la Navigation.

CHAPITRE VII.

Remontage des Bateaux vides en amont de Paris,

109. Lorsque des bateaux seront remontés en trait, la queue du trait devra toujours être maintenue par une corde d'évente.

110. Le nombre de bateaux formant un trait ne pourra excéder cinq marnois, sept toues ou lavandières, ou enfin vingt-huit margotas, sur quatorze de longueur seulement.

CHAPITRE VIII.

Dispositions spéciales aux Canaux.

111. Il est défendu de gêner ou d'entraver les manœuvres des bateaux et trains destinés à entrer dans les canaux.

Aucune marchandise ne pourra être chargée ou déchargée, sur la rive droite de la Seine, dans les espaces compris entre le chenal des canaux et les poteaux limitant l'étendue du port, réservés pour l'approchage des bateaux et trains destinés à entrer dans ces canaux.

Les flettes ou bachots appartenant aux bateaux entrés dans les canaux, ne pourront stationner en rivière dans les espaces ci-dessus déterminés ; les points de stationnement de ces flettes ou bachots seront désignés par l'Inspecteur de la Navigation.

112. Il est défendu de battre des piquets d'amarre pour ar-

rêter les bateaux ou trains sur les chemins de halage; d'amarrer les bateaux ou trains aux arbres plantés le long des canaux; et de tenir les cordes d'amarre élevées au-dessus de terre, de manière à gêner le passage sur les levées et sur les francs-bords.

113. Il est défendu de jeter les eaux de vidange des bateaux sur les talus des levées ou sur les murs de revêtement.

Il est aussi défendu de faire usage de crocs ou autres instruments pouvant détériorer les maçonneries.

114. Nul ne pourra manœuvrer les vannes, les portes des écluses et les ponts, si ce n'est du consentement des éclusiers et des pontonniers.

115. Il est défendu d'embarrasser les chemins de halage et les francs-bords des canaux par des dépôts de matériaux, de marchandises ou par quelque autre objet que ce soit.

En ce qui concerne le canal Saint-Martin et le bassin de la Villette, cette défense ne s'applique qu'aux parties des francs-bords qui doivent rester libres aux termes de l'article 71 de la présente ordonnance.

Il est aussi défendu de faire des ouvertures sur les francs-bords, sous quelque prétexte que ce puisse être.

116. Les radeaux stationnant sur les canaux, devront porter une plaque indicative du nom de leur propriétaire.

Pendant la saison du tirage des bois, ces radeaux devront être solidement amarrés, lorsqu'on n'en fera point usage ;

A l'époque où le tirage des bois est terminé, ils devront être mis en gare, et ne pourront, sous aucun prétexte, séjourner sur la voie publique.

117. Il est défendu de faire paître les bestiaux sur les chemins de halage des canaux, les levées et leurs dépendances; de parcourir ces chemins et levées avec des voitures, charrettes ou bêtes de somme; d'abreuver les bestiaux ailleurs que dans les abreuvoirs; de faire rouir du chanvre dans les canaux ou dans les contre-fossés en dépendant, et d'y laver du linge ailleurs que dans les bateaux affectés à cette destination.

118. Il est défendu aux mariniers de louer ou prêter leurs bachots pour s'en servir sur les canaux, et de les employer à

tout autre service qu'à celui de l'embarcation dont lesdits bachots dépendent.

119. Il est défendu de puiser de l'eau dans les canaux appartenant à des particuliers, sans une autorisation spéciale des propriétaires, sauf le cas d'incendie.

120. Il est défendu à tous conducteurs de chevaux, attelés ou non, de les mener, autrement qu'au pas, en traversant les ponts mobiles établis sur les canaux.

121. Il est défendu de monter sur les bateaux et trains naviguant ou stationnant sur les canaux.

Il est également défendu de rester sur le tablier des ponts pendant la manœuvre, et de passer sur les portes des écluses autres que celles qui seront disposées à cet effet.

Sont exceptés de ces défenses, les agents du service de la Navigation et ceux des compagnies concessionnaires, ainsi que les personnes employées au service des bateaux et trains.

SECTION II.

Navigations spéciales.

—

CHAPITRE IX.

Navigation accélérée.

122. Tout bateau appartenant à un service de transports accélérés, portera, en gros caractères, près du nom du bateau, les mots, *Service accéléré,* les nom et domicile de l'entrepreneur et la date de l'autorisation spéciale qu'il a obtenue.

Le patron du bateau sera porteur d'une lettre de voiture signée de l'entrepreneur et portant les mêmes énonciations que la plaque. Il sera tenu de la présenter aux éclusiers, pontonniers et autres agents du service de la navigation, toutes les fois qu'il en sera requis.

Le bateau sera, de plus, surmonté par une flamme rouge destinée à le faire reconnaître de loin.

3.

Il est défendu aux bateaux qui n'appartiennent pas à un service accéléré, dûment autorisé, de porter tout ou partie des signes distinctifs mentionnés au présent article.

123. Les bateaux accélérés ne pourront jamais marcher accouplés; ils devront toujours être halés séparément.

124 Les bateaux accélérés jouiront du droit de trématage, en cours de navigation, et de priorité de passage aux ponts et aux écluses.

Toutefois, la priorité de passage est réservée en faveur des bateaux qui seraient chargés pour le service de l'Etat, et qui seraient arrivés à la tête des écluses ou à celle des ponts avant le bateau accéléré.

125. Lorsqu'un bateau accéléré atteindra, en chemin, un bateau marchant moins vite, le charretier de celui-ci devra laisser tomber sa corde et céder le bord de l'eau à l'autre charretier, lequel, de son côté, devra forcer le pas.

126. Tout marinier qui, étant arrêté, s'opposera au passage des bateaux qui le suivent, ou qui, étant en marche, empêchera de passer devant lui les bateaux ayant droit de le faire, sera considéré comme ayant embarrassé la voie publique et poursuivi comme tel.

127. A égalité de vitesse :

Les coches et barques transportant des voyageurs;

Les bateaux chargés pour le service de l'Etat ou pour des travaux relatifs à la navigation;

Les bateaux dont le chargement consistera en blés, farines, sucres bruts ou rafinés, glace, poissons frais, sel ou chaux vive, jouiront du droit de priorité de passage aux ponts et aux écluses.

128. Les bateaux voyageant la nuit porteront un fanal sur l'avant et un fanal sur l'arrière, et la lumière devra s'étendre jusqu'au delà des chevaux de tirage.

129. Indépendamment de l'éclairage dont il est parlé dans l'article précédent, les conducteurs des bateaux devront être munis de fanaux portatifs qu'ils allumeront avant d'entrer dans le sas des écluses, et qu'ils n'éteindront qu'après en être sortis.

CHAPITRE X.

Bateaux à vapeur.

130. Aucun bateau à vapeur ne pourra être admis à naviguer dans le ressort de la Préfecture de Police qu'après l'accomplissement des formalités suivantes :

1° Le bateau devra être visité par la commission de surveillance instituée à cet effet ;

2° Le propriétaire devra avoir reçu la notification exigée par l'article 2 de l'ordonnance royale du 2 avril 1823, et être pourvu d'un permis de navigation.

Dans la demande que devra nous adresser ce propriétaire, pour réclamer la visite de son bateau, il est tenu d'indiquer les dimensions dudit bateau,

Son tirant d'eau à vide,

Le service auquel il est destiné,

La force de l'appareil moteur évaluée en chevaux,

Et la pression, exprimée en atmosphères, sous laquelle l'appareil moteur fonctionnera.

131. En nous adressant le procès-verbal de sa visite, la commission nous proposera les conditions spéciales qu'elle jugera devoir être imposées, tant pour la sûreté des passagers, dans le cas où le bateau serait destiné au transport des voyageurs, que dans l'intérêt de la liberté de la navigation et de la conservation des établissements ou des travaux d'art en rivière.

132. Indépendamment de ces conditions spéciales, sur lesquelles nous nous réservons de statuer, les bateaux à vapeur sont, en outre, assujettis aux conditions générales de sûreté suivantes :

133. Les chaudières des machines à vapeur doivent être munies de deux soupapes de sûreté, de même dimension, facilement accessibles, et dont une sera disposée de manière à rester sans cesse visible pour le public. Ces soupapes seront chargées, soit directement, soit par l'intermédiaire d'un lévier, mais toujours, dans l'un et l'autre cas, d'un poids unique.

Ce poids, après avoir été vérifié, sera frappé d'une marque indiquant sa valeur en chiffres. Il est expressément défendu d'employer tout autre poids, sous aucun prétexte.

134. Chaque chaudière sera munie de rondelles métalliques, fusibles au degré déterminé par les réglements, et correspondant au numéro du timbre de la chaudière; et ces rondelles devront avoir un couvercle non assujetti pour les conserver en bon état, et les garantir de toute atteinte, de manière qu'il soit toujours facile de reconnaître, à la première inspection, les numéros et les timbres octogones dont elles sont frappées.

Il devra toujours y avoir à bord des rondelles métalliques de rechange, afin de pouvoir remplacer sur-le-champ celles qui viendraient à se fondre.

135. Il sera en outre adapté à chaque chaudière un manomètre à mercure, construit avec soin, et dont la graduation fera connaître la tension de la vapeur, exprimée en atmosphères et fractions d'atmosphère.

Ce manomètre sera toujours à air libre, pour les chaudières à basse pression.

Il devra toujours y avoir dans le bateau un manomètre de rechange.

136. Les chaudières seront munies d'indicateurs servant à faire connaître extérieurement le niveau de l'eau dans leur intérieur. A cet effet, il sera adapté à chaque chaudière deux, au moins, des trois appareils suivants : 1° les tubes indicateurs en verre; 2° les flotteurs; 3° les robinets indicateurs.

Ces appareils devront être constamment entretenus en bon état; et il devra toujours y avoir à bord des bateaux, des tubes indicateurs de rechange, pour remplacer immédiatement ceux qui viendraient à être cassés.

La ligne d'eau, ou le niveau que l'eau devra avoir habituellement dans la chaudière, sera indiquée à l'extérieur par un trait marqué d'une manière très apparente sur le corps de la chaudière.

137. Le local de l'appareil moteur sera séparé des salles des passagers par des cloisons en planches, très solidement construites

et entièrement revêtues d'une doublure en feuilles de tôle, à à recouvrements, d'un millimètre d'épaisseur, au moins.

Le sol et les parois intérieures du local, où l'on fait la cuisine, devront être également revêtus en tôle.

138. Les *soutes* à charbon devront être isolées et séparées du foyer et des chaudières, de manière que le feu ne puisse jamais s'y communiquer; Il devra être ménagé autour des *soutes* un espace libre, afin que l'air y puisse circuler facilement.

139. Lorsque les cheminées seront à bascule sans contre-poids, il sera établi sur le pont de chaque bateau à vapeur, et d'une manière solide, un support destiné à soutenir la cheminée lorsqu'on est obligé de la baisser pour passer sous les ponts.

140. Le pont de chaque bateau devra être garni de garde-corps en *bastingues*, dont la lisse devra être à une hauteur suffisante pour la sûreté des passagers.

141. Les tambours qui, de chaque côté du bateau, envelopperont les roues, seront munis de gardes en fer, descendant assez près de la surface de l'eau pour empêcher les embarcations de s'engager dans les palettes de ces roues.

142. Une ligne de flottaison sera tracée en couleur tranchante sur les flancs du bateau, vers les *hanches* et les *joues*, par les soins et aux frais du propriétaire, et d'après les indications de la commission de surveillance des bateaux à vapeur.

143. Chaque bateau à vapeur devra être muni d'un canot de sauvetage, dont la longueur ne pourra être moindre de 4 mètres et la largeur de 1 mètre 60 centimètres.

Ce canot sera suspendu au bateau ou conduit à la traîne.

Dans le premier cas, il devra être préalablement constaté par la commission de surveillance, qu'il est disposé de manière à être instantanément mis à l'eau, au besoin.

Il y aura à bord une bouée de sauvetage en liége, du poids de 10 à 15 kilo., suspendue à l'arrière, et une hache en bon état, à portée du timonier.

Il y aura également dans chaque bateau à vapeur une boîte fumigatoire pour qu'on puisse, au besoin, administrer des secours aux personnes qui seraient retirées de l'eau en état d'asphyxie.

Cette boîte devra être conforme à celles qui sont employées sur la Seine, dans Paris, pour l'administration des secours publics, d'après les instructions du Conseil de salubrité.

144. Les bateaux à vapeur seront en outre pourvus de deux ancres et de cordes d'amarre suffisantes. Ces ancres devront constamment être disposées pour être *mouillées* immédiatement, au besoin.

145. Il devra, en tout temps, y avoir à bord de chaque bateau, un registre dont toutes les pages seront cotées et paraphées par l'autorité qui aura délivré le permis de navigation, et sur lequel les passagers auront la faculté de consigner leurs observations, en ce qui concerne la marche du bateau, les avaries ou accidents quelconques, et la conduite de l'équipage.

146. Dans chaque salle où se tiennent les passagers, il sera placé un tableau indiquant :

1° La durée moyenne des voyages, tant en montant qu'en descendant, et en ayant égard à la hauteur des eaux ;

2° Le temps durant lequel le bateau devra stationner aux différents lieux déterminés pour les embarquements ;

3° Le nombre *maximum* des passagers qui pourront être reçus dans le bateau ;

4° La faculté qu'ont les passagers de consigner leurs observations sur le registre prescrit par l'article précédent ;

5° Les lieux de départ et d'arrivée, et ceux où les bateaux touchent en route ;

6° Les prix des voyages.

Une copie du permis de navigation et des dispositions de la présente ordonnance, relatives aux bateaux à vapeur, seront en outre affichées dans les salles où se tiennent les passagers.

147. Il y aura toujours à bord de chaque bateau à vapeur destiné à recevoir des passagers :

1° Un capitaine ;

2° Des hommes d'équipage en nombre suffisant ;

3° Un mécanicien ;

4° Un ou plusieurs chauffeurs.

148. Les capitaines et les mécaniciens des bateaux à vapeur devront être agréés par l'administration.

A cet effet, ils sont tenus de se présenter devant la commission de surveillance, afin que celle-ci puisse s'assurer s'ils réunissent les conditions requises, et nous proposer leur admission s'il y a lieu.

149. Le capitaine est responsable du maintien du bon ordre et de la police à bord de son bateau. Il commande les hommes de l'équipage et est chargé de la direction du bateau.

150. Le mécanicien est chargé de la surveillance et de la conduite de l'appareil moteur; il veillera notamment avec le plus grand soin à ce que l'alimentation des chaudières se fasse bien et compense, à chaque instant, la dépense de la vapeur et toutes les pertes d'eau, afin qu'en aucun cas, les parois des chaudières ne puisse rougir. Il dirigera les chauffeurs.

Le mécanicien et les chauffeurs devront, chacun en ce qui le concerne, observer, pour la conduite des machines et celle du feu, toutes les mesures de précaution prescrites par l'instruction ministérielle du 19 mars 1824, modifiée par celle du 27 mai 1830.

Ces instructions seront affichées dans le local de la machine.

151. Les bateaux à vapeur ne pourront opérer leur départ qu'aux heures fixées par nous.

On ne pourra faire sonner la cloche qu'un quart d'heure seulement avant le départ.

152. La charge totale du bateau sera réglée de manière que la ligne de flottaison ne puisse jamais être submergée.

Il est expressément défendu d'admettre, dans chaque bateau, un nombre de passagers supérieur à celui qui aura été fixé par le permis de navigation, bien, cependant, que la ligne de flottaison n'ait pas encore été atteinte.

153. Tout embarquement ou débarquement de voyageurs dans les ports, se fera au moyen d'un petit pont double, jeté du bateau sur le quai, et garni de rampes des deux côtés.

Dans le cas où, le quai se trouvant d'avance occupé par des

bateaux à vapeur, un nouveau bateau ne pourrait y avoir de place, et serait obligé de se ranger le long d'un autre bateau, celui-ci sera tenu de souffrir le passage des voyageurs, et ce passage s'effectuera au moyen d'un pont, semblable à celui dont il vient d'être parlé, jeté d'un pont sur l'autre.

L'usage de simples planches est formellement interdit.

154. Les capitaines devront ralentir la marche de leur bateau, lorsqu'ils passeront près des points sur lesquels des bateaux ou trains se trouveraient réunis et garés.

155. Toutes les fois que, durant le trajet, le capitaine d'un bateau à vapeur aura à prendre ou à débarquer des voyageurs, il devra faire cesser entièrement le jeu des roues.

156. Les capitaines des bateaux à vapeur feront sonner la cloche à l'approche des ponts, des pertuis et des ports de débarquement.

Ils feront également sonner la cloche dans les passes où la rencontre de deux bateaux pourrait occasionner des accidents.

157. Lorsque deux bateaux à vapeur, allant en sens inverse, viendront faire *escale* sur le même point, le bateau descendant devra prendre le large, et le bateau montant devra tenir le côté de la terre.

158. Quant deux bateaux à vapeur, allant dans le même sens, se rapprocheront, celui qui sera en avant devra serrer le chenal de navigation à droite, et celui qui sera en arrière devra serrer le chenal à gauche.

159. Lorsqu'un bateau à vapeur rencontrera en route un trait montant, ou des bateaux billés, en avalant, par des chevaux, il devra prendre le bord opposé au chemin de halage.

160. Il est expressément défendu de surcharger les soupapes de sûreté, de chercher à empêcher ou à retarder la fusion des rondelles par un moyen quelconque, et de faire fonctionner la machine sous une pression supérieure à celle qui est indiquée dans le permis de navigation, notamment pour chercher à gagner de vitesse à l'approche d'un autre bateau.

161. Les capitaines sont tenus de déclarer aux autorités locales des points de départ et d'arrivée, après chaque voyage,

tous les faits parvenus à leur connaissance, qui pourraient intéresser la sûreté de la navigation, ainsi que les accidents ou les contraventions qui seraient de nature à être constatés par des procès-verbaux.

162. Au moment du départ et de l'arrivée des bateaux à vapeur, l'Inspecteur du port se fera représenter le registre prescrit par l'article 145 de la présente ordonnance et le visera. Il s'assurera, en outre, de la présence à bord du capitaine, du mécanicien et des chauffeurs ; enfin, il vérifiera si le bateau n'est pas surchargé de manière à faire plonger la ligne de flottaison.

163. Les propriétaires ou capitaines de bateaux à vapeur ne pourront se prévaloir du permis de navigation qui leur aura été délivré, pour se refuser à se conformer aux mesures de sûreté que les autorités locales jugeraient utiles de leur prescrire, afin de compléter le régime de précautions sur toute la ligne de navigation.

164. Tout propriétaire de bateau à vapeur devra, lorsqu'il en sera requis par nous, suspendre son service pour que la commission de surveillance fasse les visites trimestrielles prescrites par l'ordonnance royale du 2 avril 1823, ou toute autre visite que nous croirions devoir ordonner dans l'intérêt de la sûreté publique.

165. Aucun bateau à vapeur ne pourra être employé à un autre service que celui pour lequel il aura été autorisé, à moins d'une nouvelle permission spéciale.

166. Tout bateau à vapeur venant d'un autre département, avec un permis de navigation, sera soumis aux visites de la commission de surveillance du département de la Seine, laquelle s'assurera si toutes les conditions imposées par le permis de navigation sont exécutées, et proposera, de plus, toutes celles qu'elle jugera nécessaires.

167. L'autorisation délivrée par nous aux capitaines et mécaniciens, leur sera retirée dans les cas de négligence ou d'imprudence de nature à compromettre la sûreté des voyageurs, sans préjudice des poursuites judiciaires qui pourraient être intentées contre eux, et des dommages et intérêts dont ils pourraient

être passibles, conformément à la loi et notamment aux termes des articles 319 et 320 du code pénal.

168. Le permis de navigation pourra aussi être retiré suivant les circonstances, à raison des accidents causés, ou des imprudences habituellement commises par l'équipage ou le propriétaire du bateau à vapeur.

CHAPITRE XI.

Passage d'eau.

169. Il est défendu d'établir des passages d'eau sans autorisation.

170. Les bacs et bachots employés au service des passagers d'eau, devront être solidement établis; et les chemins, portechemins, trailles, cordages et agrès être constamment entretenus en bon état

171. Les fermiers des passages d'eau sont tenus d'afficher, de l'un et de l'autre côté de la rivière, sur un poteau placé en lieu apparent, le tarif des droits de passage.

Il leur est défendu d'exiger de plus fortes sommes, sous les peines de droit.

CHAPITRE XII.

Bachotage.

172. Les bachots, doubles bachots, batelets, galoupilles, chaloupes, et tous autres bateaux analogues, employés à naviguer sur les cours d'eau publics du ressort de la Préfecture de police, ne pourront y stationner qu'en vertu d'une permission délivrée, en notre nom, par l'Inspecteur général de la Navigation.

Cette permission pourra être retirée en cas d'abus.

173. Lesdites embarcations devront porter le numéro d'ordre indiqué dans la permission, et ce numéro devra être peint à droite et à gauche de l'avant et de l'arrière, en dehors du bateau et au-dessus de la ligne de flottaison, en chiffres arabes, d'une hauteur de 20 centimètres et de 3 centimètres de plein, de cou-

leur blanche sur écusson noir, de 25 centimètres de hauteur sur 50 centimètres de largeur.

Les chaloupes naviguant à la voile devront, en outre, porter sur leur toile, peint en noir, en chiffres de même espèce et de mêmes dimensions qu'il vient d'être expliqué, le numéro d'ordre qui leur aura été donné.

174. Toute embarcation qui sera trouvée sur les cours d'eau publics, du ressort de la Préfecture de police, sans porter l'écusson indicatif du numéro de la permission, sera immédiatement consignée à la diligence des préposés de la Navigation, qui dresseront en outre procès-verbal de la contravention.

175. Les permissions indiqueront les droits de garage; elles seront personnelles et ne pourront être transférées avec la propriété de l'embarcation; elles ne seront accordées que pour des bateaux dont le bon état aura été constaté, et ne seront valables que pour un an.

Toutes celles qui ont été délivrées jusqu'à ce jour sont et demeurent annulées.

176. Il est défendu d'employer ou de faire stationner sur les cours d'eau publics, des chaloupes, batelets, et autres embarcations, qui n'auraient pas au moins quatre mètres soixante centimètres de longueur et un mètre vingt-cinq centimètres de largeur.

177. Les bachots, batelets, etc., devront être solidement enchaînées, tous les soirs, au lieu de garage indiqué par la permission.

Les bachots d'équipage, dépendant d'embarcations d'une plus grande dimension, devront être attachés aux bateaux qu'ils sont destinés à desservir, et porter les mêmes numéros et les mêmes devises que ces bateaux.

Il ne pourra être fait usage desdits bachots d'équipage, pendant la nuit, qu'en cas d'avarie ou d'accident, et pour porter secours sur la rivière.

178. Les bachots destinés à conduire le public devront être à fond plat et de construction solide.

Il devront en tout temps être munis de leur gouvernail sans barre, et de deux paires de rames, d'une écope, d'un croc, d'un

cordage avec une petite ancre ou grapin, et de bans pour asseoir les voyageurs.

Ces bachots ne pourront, dans aucun cas, porter de voiles de
quelque espèce que ce soit.

Avant leur affectation au service public, ils devront être soumis à
la visite et vérification de l'Inspecteur général de la Navigation.

Tout bachot reconnu en mauvais état sera consigné.

179. Les bachots publics ne devront être conduits que par
des mariniers munis de notre permission spéciale, et âgés de
21 ans au moins.

180. Les bachoteurs sont tenus, lorsqu'ils conduisent le public, d'être porteurs de notre permission, et de la représenter
chaque fois qu'ils en sont requis.

Il leur est expressément défendu de monter sur leurs bachots,
en état d'ivresse, sous peine du retrait de leur permission.

181. Les bachots ordinaires, dont la dimension est communé-
ment de 8 mètres de longueur sur 2 mètres de largeur, et 55
centimètres de profondeur, ne pourront recevoir plus de 12 personnes, non compris le conducteur.

Quant aux embarcations dont la dimension serait supérieure,
le nombre des passagers qu'on pourra y embarquer, sera fixé
par l'Inspecteur général de la Navigation; dans tous les cas, ce
nombre sera inscrit sur les deux côtés extérieurs du bachot, en
lettres rouges de 20 centimètres de hauteur, et de 3 centimètres
de plein, sur un fond blanc.

Il est défendu à tout bachoteur de recevoir dans son bachot
un plus grand nombre de personnes que celui qui sera fixé en
conformité des dispositions qui précèdent.

Les passagers devront rester assis dans les bachots jusqu'au
moment du débarquement.

182. Les bachoteurs ne devront opérer le débarquement des
passagers qu'aux lieux qui présenteront sécurité et facilité pour
cette opération.

Les localités où se trouveront des planches, chemins, portechemins, etc., devront être préférées à toutes autres.

TITRE II.

Police des Rivières, des Canaux, des Ports et des Berges.

—

CHAPITRE XIII.

Établissements publics ou particuliers.

§ 1er. *Dispositions communes aux divers Établissements.*

183. Il est défendu de faire aucun établissement, flottant, ou adhérent au sol, soit dans le lit des rivières et canaux, soit sur les ports et berges, sans en avoir préalablement obtenu l'autorisation.

§ 2. *Bateaux à lessive.*

184. Les propriétaires de bateaux à lessive sont tenus d'établir des chemins solides et bordés de garde-fous à hauteur d'appui, pour faciliter l'accès de ces bateaux.

Les embarcations destinées à supporter les chemins, devront avoir au moins trois mètres de longueur sur deux mètres de largeur.

185. Les bateaux à lessive devront, en tout temps, être solidement amarrés et munis de cordes, crocs, perches, etc., pour porter secours en cas de besoin.

Dans le même but, un bachot, muni de ses agrès, devra toujours être attaché à chacun de ces établissements.

Les propriétaires desdits bateaux sont en outre tenus d'avoir constamment à bord de leurs établissements, un gardien, bon nageur, agréé par l'administration, et une boîte de secours en bon état.

186. Les bateaux à lessive ne pourront être modifiés dans leurs constructions sans une autorisation spéciale.

§ 3. *Établissements de bains.*

187. Les entrepreneurs de bains devront placer , au pourtour, des cordes solidement attachées, afin de donner aux baigneurs la facilité de circuler avec sûreté et commodité, et un filet assez fort pour empêcher de passer sous les bateaux; ce filet devra toujours être tendu.

Ils devront aussi entourer le bain de manière qu'on n'en puisse sortir pour se baigner au dehors; et établir des chemins solides, bordés de garde-fous à hauteur d'appui, pour arriver dans l'établissement.

Lesdits entrepreneurs devront encore tenir leurs établissements en bon état, et garnis de tous les ustensiles nécessaires, tels que cordes, crocs, perches, filets, etc.; se pourvoir d'une boîte de secours pour chaque établissement, et l'entretenir constamment en bon état; avoir continuellement un bachot, muni de ses agrès, pour porter des secours en cas de besoin; n'ouvrir les bains au public qu'après qu'ils auront été visités par l'Inspecteur général de la Navigation, et reconnus être en bon état ; les fermer depuis dix heures du soir jusqu'au point du jour, et y établir, chaque soir, des moyens d'éclairage suffisant pour qu'une surveillance active puisse y être exercée et pour prévenir tout accident: ne pas exiger des prix d'entrée plus élevés que ceux qui seront fixés par la permission; afficher à l'extérieur de la porte d'entrée et dans un lieu apparent de chaque établissement de bains, un extrait, certifié par l'Inspecteur général de la Navigation, de la permission qui leur aura été délivrée, lequel extrait devra énoncer le tarif des prix de l'établissement et les conditions principales imposées par la permission.

188. Il est défendu d'introduire des chiens dans les établissements de bains.

189. Les propriétaires d'établissements de bains devront retirer au 30 septembre de chaque année, époque fixée pour la clôture de la saison des bains, les bateaux, fonds de bois, planches, pieux, perches et autres objets dépendant de leurs éta-

blissements; conduire les **bateaux dans** les gares, et ne laisser les les autres objets déposés sur les ports et berges sous quelque prétexte que ce soit.

§ 4. *Puisoirs et Abreuvoirs publics.*

190. Il est défendu aux porteurs d'eau à bretelle de puiser, à la rivière, ailleurs qu'aux puisoirs autorisés à cet effet.

191. Les chevaux ne pourront être conduits aux abreuvoirs, en rivière, que par des hommes âgés de 18 ans au moins.

Ils devront être menés au pas, et un seul homme ne pourra en conduire plus de trois à la fois.

Il est défendu de se tenir debout sur les chevaux.

L'accès des abreuvoirs, en rivière, est interdit pendant la nuit.

CHAPITRE XIV.

Des diverses opérations qui se font en rivière ou sur les canaux.

§ 1er. *Tirage du sable.*

192. Il est défendu de tirer du sable en rivière, sans une permission délivrée par nous.

Le tirage du sable à la main, ne peut avoir lieu qu'au moyen de doubles bachots solidement établis, d'où le sable ne pourra être transbordé.

Le sable devra être directement conduit du lieu de tirage au port de déchargement, d'où il devra être enlevé immédiatement, et au plus tard dans un délai de vingt-quatre heures.

193. Il est défendu de tirer du sable, à une distance moindre de 50 mètres en amont, et de 30 mètres en aval des ponts; et à moins de 12 mètres des murs de quai et des berges.

Il est aussi défendu d'en tirer à une distance moindre de 20 mètres des bains ou écoles de natation.

§ 2. *Repêchage des Bois ou autres Marchandises naufragées.*

194. Nul ne pourra se livrer habituellement, et hors le cas de naufrage et d'avarie, au repêchage des bois, dans l'étendue du ressort de la Préfecture de Police, sans une autorisation qui sera délivrée par nous sur la présentation du commerce.

195. Il est enjoint à tous ceux qui auront repêché des bois, des débris de bateaux, des marchandises ou autres objets naufragés, d'en faire la déclaration dans les vingt-quatre heures, savoir : à Paris, aux commissaires de police, à l'Inspecteur général de la Navigation, ou aux inspecteurs particuliers de ce service; et, dans les communes riveraines de la Seine ou de la Marne, aux maires, aux préposés de la Navigation ou à la gendarmerie.

Ces déclarations devront nous être immédiatement transmises.

Les objets repêchés seront consignés pour être rendus aux propriétaires, après justification de leurs droits, et acquittement des frais de repêchage et autres, auxquels ces objets auront pu donner lieu.

Les repêcheurs qui s'attribueraient, cacheraient ou vendraient tout ou partie des objets repêchés, seront, ainsi que les acheteurs ou recéleurs, poursuivis conformément aux lois.

§ 3. *Déchirage de Bateaux.*

196. Il est défendu de déchirer des bateaux sur les berges, les ports et les chemins de halage, sans une permission spéciale délivrée en notre nom, par l'Inspecteur général de la Navigation.

Cette permission indiquera les points sur lesquels les déchirages devront avoir lieu.

Nous nous réservons de délivrer directement, s'il y a lieu, toute permission qui aurait pour objet d'autoriser des déchirages, dans Paris, sur d'autres points que ceux ci-après désignés, savoir :

Le port de la Rapée, sur les parties dont la désignation suit :

1° A partir de l'angle d'aval de la pompe, sur une longueur de 28 mètres en descendant la Seine;

2° A partir de l'embouchure en rivière de l'égout Traversière, jusqu'au point affecté comme garage d'attente aux bateaux chargés de charbon de terre.

Le port de l'Hôpital, sur une longueur de cent-seize mètres à partir de la maison n° 5, ou de l'extrémité d'amont de la balustrale placée sur le bord de la route, en descendant la Seine.

L'île des Cygnes et le canal Saint-Martin.

197. Le déchirage des bateaux s'effectuera immédiatement, après leur mise à port; il sera continué sans interruption et avec un nombre d'ouvriers suffisant pour que, dans tous les cas, le déchirage de chaque bateau et l'enlèvement des débris soient terminés dans la journée.

198. Les clous et autres débris provenant du déchirage des bateaux, devront être enlevés au fur et à mesure du déchirage, de manière à n'occasionner aucun accident ou embarras sur les ports, sur les berges ou sur tout autre point de la voie publique.

CHAPITRE XV.

Ouvriers des Ports.

199. Les ouvriers travaillant sur la rivière et sur les ports, sont tenus de se pourvoir d'une médaille, qui leur sera délivrée sur un certificat de l'Inspecteur général de la Navigation.

Ils devront porter leur médaille d'une manière apparente pendant le travail.

200. L'obligation de se munir d'une médaille ne s'applique point aux ouvriers attachés au service particulier du destinataire de la marchandise.

Elle ne s'applique point non plus aux ouvriers employés accidentellement par les marchands de bois ou de charbon de terre, sur les ports affectés exclusivement au débarquement de ces marchandises. Lesdits ouvriers pourront être employés par les marchands, à la charge par ces derniers d'en faire la déclaration à l'Inspecteur de la Navigation de l'arrondissement, dans les vingt-quatre heures au plus tard.

201. Il est défendu aux ouvriers de charger ou décharger des

marchandises sur les rivières, les canaux ou les ports avant d'en être requis par les marchands, les propriétaires ou leurs commissionnaires.

202. Il est aussi défendu aux ouvriers de se coaliser pour faire cesser ou interdire le travail sur les ports ou berges, sur les rivières ou sur les canaux, sous peine d'être poursuivis conformément aux articles 415 et 416 du code pénal. Aux termes de ces articles, les ouvriers qui prendraient part à une coalition, peuvent être condamnés à un emprisonnement de 1 à 3 mois, et les chefs ou moteurs à un emprisonnement de 2 ans à 5 ans; ils peuvent en outre être mis sous la surveillance de la haute police.

CHAPITRE XVI.

Des Glaces et Grosses eaux.

203. Lorsque l'administration jugera qu'il y a danger de débordement sur les ports, ou que la rivière commencera à charrier des glaces, les marchandises de toute nature et les matériaux, tels que pierres, moëllons, pavés, bois, fers ou autres objets qui pourraient occasionner des accidents, seront immédiatement enlevés des ports, des berges et des abords de la rivière.

Le dépôt de semblables objets, sur les points ci-dessus, est formellement interdit pendant tout le temps des glaces et grosses eaux.

A la même époque, les bateaux qui ne se trouveraient pas dans les gares ou dans les canaux, devront être immédiatement déchargés, et les marchandises enlevées par les propriétaires ou gardiens desdits bateaux. Cette double opération devra être faite sans interruption, même pendant les jours de fête et les dimanches; et en cas de péril imminent, elle sera continuée pendant la nuit.

204. Les marchands et voituriers par eau, les gardiens de bateaux et les propriétaires d'établissements sur la rivière, sont particulièrement tenus, en temps de glaces et grosses eaux, de fermer et amarrer ces bateaux et établissements avec de bonnes et fortes cordes aux organeaux et pieux placés le long des ports et quais.

205. Les bateaux qui seront jugés hors d'état de servir, seront déchirés sur place ou dans les endroits qui seront désignés par l'Inspecteur général de la Navigation.

Les autres bateaux qui pourraient faire craindre quelque accident, seront pareillement déchirés; mais ils ne pourront l'être que d'après les ordres que nous en donnerons.

Les débris, en provenant, seront vendus conformément aux dispositions de l'ordonnance du roi, du 23 mai 1830, s'ils ne sont immédiatement enlevés par les propriétaires; et le produit de la vente, déduction faite de tous les frais, sera versé à la caisse de la Préfecture, où il restera provisoirement déposé à la disposition de qui de droit.

TITRE III.

Dispositions générales.

—

CHAPITRE XVII.

206. Il ne pourra être commencé aucun travail public ou particulier dans le lit des rivières et canaux, ni sur les ports, quais ou berges, sans notre autorisation spéciale.

207. Il est défendu d'établir des moulins, batardeaux, écluses, gords, pertuis, murs, plants d'arbres, amas de pierres, de terre, de fascines, ni aucun autre empêchement au cours de l'eau, dans les rivières et canaux, sans y être spécialement autorisé.

208. Il est défendu de détourner l'eau des rivières et canaux, ou d'en affaiblir et altérer le cours par tranchées ou fossés, ou par quelqu'autre moyen que ce soit.

209. Il est défendu de jeter dans les rivières et canaux, ou de déposer sur leurs bords, des gravois, pierres, bois, immondices, pailles ou fumiers, ainsi que tout autre objet qui pourrait em-

barrasser les berges ou altérer le lit desdites rivières et canaux, sans autorisation de notre part.

210. Il est enjoint à tous riverains, mariniers ou autres, de faire enlever les pierres, bois, pieux, débris de bateau et autres empêchements étant de leur fait ou à leur charge, dans le lit des rivières et canaux ou sur leurs bords.

Les marchands, les voituriers par eau ou tous autres dont les bateaux couleraient bas, sont tenus, aussitôt après l'événement, de faire placer sur ces bateaux une balise surmontée d'un drapeau rouge.

Ils devront ensuite faire procéder sans le moindre retard au relevage des bateaux et au repêchage des marchandises, des agrès et de tous autres objets qui seraient restés au fond de l'eau.

211. Il est enjoint aux propriétaires d'héritages aboutissant aux rivières navigables de laisser, le longs de leurs bords, 7 mètres 796 pour trait des chevaux de halage.

Il est défendu de planter des arbres ou des haies, de creuser des fossés ou d'établir des clôtures à une distance moindre de 9 mètres 745 des bords desdites rivières.

212. Il est défendu de faire stationner des bateaux sur les rivières ou canaux, soit pour transbordement de marchandises, soit pour tout autre motif, sans une autorisation spéciale.

213. Les bateaux et toues, les trains de bois de chauffage et autres, devront être fermés de l'avant et de l'arrière, soit dans les gares, soit dans les ports, avec bonnes et fortes cordes attachées à des organeaux ou à des pieux d'amarre : il est défendu d'amarrer plus d'un couplage de trains avec les mêmes cordes.

214. Il est défendu à toutes personnes étant en bachot ou batelet, de s'approcher des bains ou écoles de natation, sous peine, pour le propriétaire du bachot, de se voir retirer sa permission, et sans préjudice des poursuites à exercer contre les contrevenants.

215. Il est défendu, même dans les lieux de garage, de placer des bateaux ou trains devant les points affectés aux passages d'eau et devant les abreuvoirs publics.

216. Il est défendu de défermer les bateaux ou les trains sans le consentement des propriétaires ou conducteurs, si ce n'est à la réquisition de l'Inspecteur de la Navigation.

217. Il est défendu de monter sur les bateaux chargés ou vides, sur les bachots, sur les radeaux, ainsi que sur les trains de toute nature, soit pour pêcher, soit pour tout autre motif étranger au service desdits bateaux, bachots, radeaux ou trains.

218. Il est défendu d'arracher, de fatiguer ou d'embarrasser les organeaux et les pieux d'amarre.

219. Les conducteurs de bateaux ou trains, ou tous autres mariniers, sont tenus placer leurs cordes d'amarre, sur les ports et berges, de manière à ne pas gêner la circulation.

Il est défendu de faire passer des voitures sur ces cordes, sans prendre les précautions nécessaires pour éviter de les détériorer.

220. Il est défendu de faire du feu sur les ports, quais et berges, sans autorisation.

221. Il est défendu de pêcher pendant la nuit.

222. Tout bateau chargé ou vide devra avoir un gardien pour jeter de l'eau.

223. Les bateaux ne pourront être mis à terre, même pour cause de réparation, sans une autorisation spéciale.

224. Il est défendu de laver du linge à la rivière, dans Paris, ailleurs que dans les bateaux à lessive, et de le faire sécher sur les ports et berges.

225. Il est défendu de se baigner dans les canaux.

Dans Paris, il est défendu de se baigner en rivière ailleurs que dans les établissements de bains, à moins d'une autorisation spéciale délivrée par nous.

Hors de Paris, il est défendu de se baigner nu en rivière.

Les contrevenants seront conduits à la Préfecture de police, ou devant les Maires ou les Commissaires de police des communes du ressort.

226. Les contraventions à la présente ordonnance seront constatées par des procès-verbaux ou rapports.

Dans tous les cas où les contraventions seront de nature à

compromettre la liberté de la circulation ou la sûreté, il sera pris d'office et aux frais des contrevenants, les mesures propres à faire cesser le dommage, telles que l'enlèvement des marchandises et autres obstacles qui existeraient sur les ports, berges, chemins de halage, ou dans le lit des rivières et canaux ; le remontage, le lâchage ou le déchargement des bateaux naviguant sans autorisation ou en dehors des conditions prescrites.

Les contraventions aux dispositions des lois et règlements de grande voirie ci-dessus visés, et aux articles de la présente ordonnance, qui s'y rattachent, seront déférées au Conseil de Préecture.

Les contraventions aux autres dispositions de la présente ordonnance, seront déférées au tribunal de simple police.

227. La présente ordonnance sera imprimée et affichée.

Les Sous-Préfets des arrondissements de Sceaux et Saint-Denis; les Maires des communes du ressort de la Préfecture de police; les Ingénieurs des ponts et chaussées et leurs conducteurs; les commandants de la Gendarmerie et de la Garde municipale; les Commissaires de police, le Chef de la police municipale, l'Inspecteur général de la Navigation, et les préposés sous leurs ordres, ainsi que les préposés de l'octroi, sont chargés, chacun en ce qui le concerne, d'en surveiller et d'en assurer l'exécution.

Le Conseiller d'Etat, Préfet de Police,

G. DELESSERT.

TABLE DU SUPPLÉMENT.

Ordonnance concernant la police de la navigation.

Librairie scientifique-industrielle de L. MATHIAS (Augustin),
QUAI MALAQUAIS, 15, A PARIS.

TRAITÉ
DE LA PERCEPTION

DES

DROITS DE NAVIGATION ET DE PÉAGE

SUR

LES FLEUVES, RIVIÈRES ET CANAUX

navigables ou flottables en trains,

APPARTENANT A L'ÉTAT OU CONCÉDÉS;

Comprenant

Les droits de Pilotage dans le rayon de l'approvisionnement de Paris, les autres droits additionnels à celui de navigation, etc ;

Par Ernest GRANGEZ,

Attaché au Dépôt des Ponts et Chaussées.

PRIX : 9 FRANCS.

(Extrait du Moniteur du 26 juillet 1811.)

. . . . . « Quel que soit l'avenir que réserve aux conditions des transports par eau l'adoption du nouveau projet de loi sur l'expropriation des canaux, il est bon de savoir par quelles phases ils ont passé sous l'empire de la législation précédente, et quelles ont été les conséquences d'un état de choses successivement modifié par les circonstances.

« Nous ne croyons pas utile de nous reporter, en ce moment, à la confusion qui existait avant que la loi du 9 juillet 1816 ne fût venue apporter dans la matière un commencement d'amélioration. Les longues et savantes élaborations auxquelles a donné lieu la préparation de cette loi, et l'essai qui en fut fait pendant deux années, sur un de nos principaux fleuves, avant son édification définitive, ne laissèrent aucun doute sur la bonté des bases proposées par le gouvernement.

« Ces bases sont les suivantes : etc.....

« Il ne suffisait donc pas, pour donner un traité complet de la perception des droits de navigation et de péage sur nos cours d'eau, de transcrire le tarif général de 1836, le texte de cette loi et l'ordonnance réglementaire du 15 octobre de la même année, et d'en paraphraser le sens, d'après l'application qui en a été faite pendant ces dernières années; il fallait encore faire connaître les circonstances particulières à toutes les lignes qui sortent de la catégorie générale, leurs tarifs, leurs modes de perception, en un mot tout ce qui peut intéresser les entrepreneurs de transports et les hommes appelés à réglementer ou à modifier la matière. C'est ce que M. Grangez a parfaitement compris, et l'on peut dire que, sous ce rapport, son livre ne laisse rien à désirer. Pour en faire un manuel complet et pratique à l'usage des commerçants et des économistes, il a joint, à l'exposé et à l'explication des diverses prescriptions législatives, une série de tableaux fort intéressants, et dont l'authenticité ne saurait être révoquée en doute, quand on sait à quelles sources l'auteur les a puisées. Nous citerons, pour en faire apprécier l'importance, le tableau des distances sur les divers cours d'eau navigables ou flottables, classés par ordre alphabétique ; celui des bureaux où se fait la perception des droits; un autre tableau présentant encore la liste de tous les canaux, fleuves et rivières, mais classés par bassins, avec indication des parties flottables ou navigables, et distinction entre ceux qui ne sont point imposés et ceux qui le sont, soit au compte de l'Etat, soit au profit des particuliers; deux autres tableaux que nous rapprochons ici, bien qu'ils ne soient pas placés dans l'ouvrage à la suite l'un de l'autre, et présentant, l'un les conditions principales et les résultats financiers des emprunts relatifs aux lignes soumissionnées en 1821 et 1822, et ensuite les renseignements relatifs à la durée et à la fixation des lignes concédées temporairement ou à perpétuité (1) ; l'autre, la comparaison entre les produits des droits perçus par l'Etat, de 1832 à 1839 inclusivement. etc.

« Indépendamment des droits de navigation, il en existe encore d'autres qui affectent les transports par eau à l'intérieur..... Chacun de ces droits a trouvé, dans le Traité de M. Grangez, la place qu'il méritait. Il s'est spécialement étendu sur les droits de pilotage (ou rétributions dues, dans le rayon de l'approvisionnement de Paris, aux agents chargés par l'administration de faciliter le passage des bateaux à divers ponts et pertuis de la Seine, de l'Oise, de l'Yonne, de l'Aisne et de la Loire), dont la législation compliquée méritait une attention particulière.

« On trouvera rejetées, à la fin de l'ouvrage, une foule de notes

---

(1) L'éditeur croit devoir faire observer que ces renseignements importants ont été reproduits littéralement dans le volume intitulé *Documents sur les Canaux*, qui fut distribué aux Chambres par le ministre des travaux publics (dans la dernière session), au sujet de la proposition sur la révision des tarifs de diverses lignes de navigation.

curieuses relatives aux diverses lignes qui constituent les exceptions à la loi de 1836, aux emprunts et aux résultats financiers des canaux de 1821 et 1822. Sans vouloir leur donner ici une place qui leur manquerait, qu'il nous soit permis d'appeler particulièrement l'attention sur les notes où l'auteur, plaidant en faveur de la nécessité d'un mode uniforme de perception, s'appuie sur l'exemple si frappant de la ligne du nord qui unit Mons à Paris. Nous laissons au lecteur le soin d'aller chercher dans l'ouvrage de M. Grangez, le chiffre vraiment énorme auquel on arrive pour le droit moyen perçu sur cette ligne, et qui ne peut être considéré comme en harmonie avec les intentions du législateur de 1836.

« M. Grangez annonce qu'après avoir ainsi réuni les documents utiles à consulter, pour arriver à la solution de la question des taxes et du mode d'après lequel devrait s'opérer la perception, il se considère comme loin d'avoir accompli sa tâche. Il veut encore déterminer l'influence que les tarifs peuvent, dans de certaines circonstances, exercer sur la direction des transports, et en déduire le maximum des droits à supporter par les productions de toute nature, sans préjudice pour le producteur et pour le consommateur. Cette tâche est grande à remplir et nécessite la réunion de matériaux nombreux et importants. Il paraît que les difficultés n'ont point effrayé l'auteur. Nous ne saurions trop l'engager à pousser l'achèvement de ce travail, car le public ne peut manquer d'attendre avec impatience une œuvre pour le mérite de laquelle le succès de ce premier ouvrage est un sûr garant. »

<hr>

SUPPLÉMENT

AU

TRAITÉ DE LA PERCEPTION

Des Droits de Navigation et de Péage.

Depuis la publication de cet ouvrage, il est survenu des modifications dans les tarifs de quelques canaux; c'est le sort de tous les ouvrages de cette nature, de ne pouvoir rester longtemps sans contradiction avec les faits. Afin d'éviter l'inconvénient qui en résulte pour les acquéreurs nous nous sommes imposé l'obligation de publier, lorsqu'il le deviendra nécessaire (à un prix très modéré), un supplément qui pourra toujours tenir le public au courant.

Le 1er supplément (septembre 1841), contient le nouveau tarif du canal de la Somme, les ordonnances relatives à ceux des Ardennes, d'Arles à Bouc, de Bretagne, latéral à la Loire et du Rhône au Rhin; les nouvelles réductions consenties par quelques compagnies concessionnaires et l'ordonnance relative au service de la navigation des rivières, des canaux, des ponts, dans le ressort de la préfecture de police..

Librairie scientifique-industrielle de L. MATHIAS (Augustin)
Quai Malaquais, 15.

CARTE COMMERCIALE

DE LA NAVIGATION ET DES CHEMINS DE FER

DE FRANCE ET DE BELGIQUE,

ET D'UNE PARTIE DES ÉTATS LIMITROPHES,

DRESSÉE

d'après les documents les plus récents,

PAR LE MÊME AUTEUR.

Prix de l'exemplaire colorié avec soin, 5 fr.

(Extrait du Journal de l'Industriel et du Capitaliste.)

« Cette carte, que nous nous faisons un devoir de recommander au commerce et à tous ceux qui s'occupent des questions de transport, comprend tous les fleuves, rivières et canaux navigables ou flottables en trains. Des couleurs spéciales indiquent la navigation naturelle, la navigation artificielle et la navigation par radeaux. Les cours d'eau appartenant à l'État sont aussi distingués de ceux qui ont fait l'objet de concessions particulières, soit en France, soit à l'étranger; il en est de même pour les chemins de fer exécutés par l'industrie privée. Le coloriage indique également si ces diverses communications sont livrées à la circulation, ou si elles ne sont encore qu'en cours d'exécution.

Des signes particuliers marquent l'origine du flottage en trains, celle de la navigation naturelle des rivières, le point jusqu'où peuvent remonter les bâtiments à quille qui font le service du cabotage, et l'emplacement des bureaux établis pour le jaugeage des bateaux et la perception des droits de navigation et de péage. L'auteur a présenté en outre, dans un tableau, la nomenclature de tous les cours d'eau sur lesquels le commerce est assujetti au paiement de ces droits, avec l'indication de la nature des tarifs, pour lesquels on peut recourir à l'ouvrage de M. Grangez, où sont indiquées toutes les modifications consenties par les compagnies concessionnaires.

La Carte dont il s'agit comprend en outre tous les bassins houillers dont l'exploitation est un des principaux éléments du transport par eau. Elle a été dressée sur une feuille grand-colombier, à l'échelle de deux millionièmes, et présente, malgré ce faible point, avec une grande clarté, tous les renseignements qui peuvent intéresser la navigation. »

IMPR. DE GOSSE ET G.-LAGUIONIE, RUE CHRISTINE, 2.

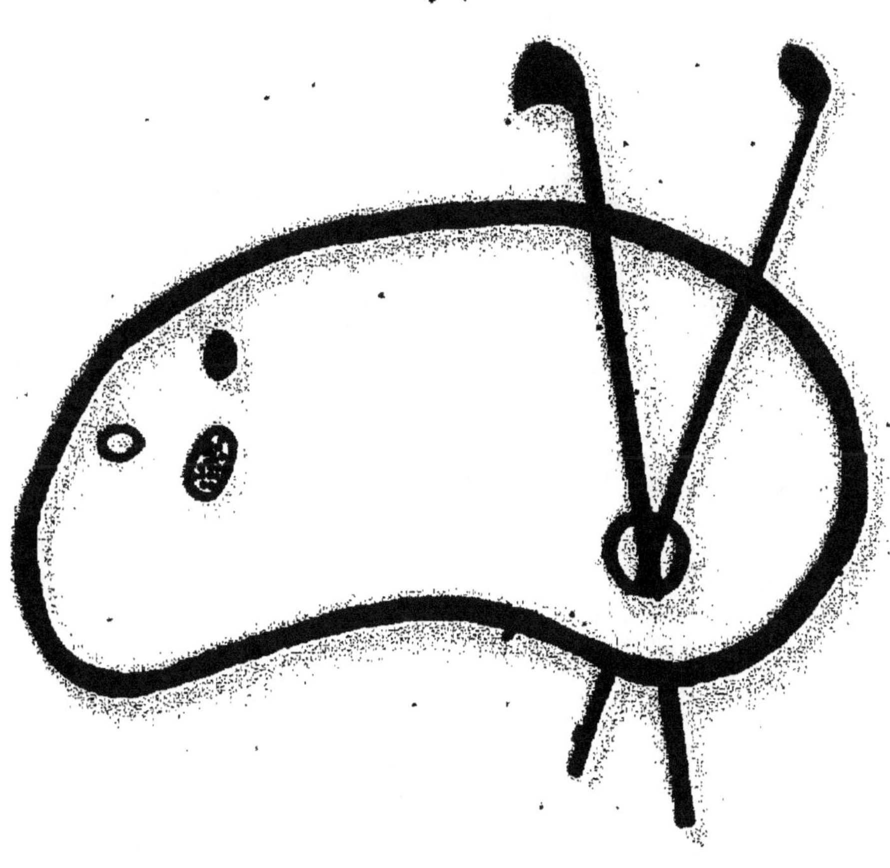

ORIGINAL EN COULEUR
Nº 2 03-1228